ANDREAS MÜHLLEITNER

SALZKAMMERGUT PANORAMA

SALZKAMMERGUT PANORAMA

Fotografie und Text
ANDREAS MÜHLLEITNER

edition panoptikum

INHALT

	Vorwort
8	SUBJEKTIVE BLICKWINKEL
10	DAS SALZKAMMERGUT - EINE IDEALLANDSCHAFT?
14	GEOLOGISCHE PRÄMISSEN
	Wie Berge und Seen entstanden
	...und wie das Salz in den Berg kam
20	INNERES SALZKAMMERGUT
23	Hallstatt und sein See
27	Der Salzberg und das Gräberfeld
30	Ein Abstecher ins Echerntal
33	Obertraun und der Dachstein
35	Das Gosautal
37	Bad Goisern
38	Der Predigstuhl, die Hütteneckalm und der Sarstein
84	BAD ISCHL UND SEINE UMGEBUNG
87	Bad Ischl - die Kaiserstadt
92	Die Hohe Jagd, Lauffen und Ischls Hausberge
108	AUSSEERLAND
111	Jenseits des Pötschen
112	Altaussee und sein Tintenfass

114	Der Loser - ein Berg für alle!	242	ATTERSEE
115	Bad Aussee - die Mitte Österreichs	245	Ein Meer im Salzkammergut
119	Der Grundlsee, die Lahngangseen und das Tote Gebirge	246	Seewalchen, Schörfling und Gustav Klimt
120	Der Toplitzsee.....und sein ewiges Geheimnis	249	Auf dem Attersee Westwanderweg zu versteckten Naturwundern
		250	Unterach und die Burggrabenklamm
156	WOLFGANGSEE	251	Das Bergsteigerdorf Steinbach und das Westliche Höllengebirge
159	Der Abersee, der zum Wolfgangsee wurde	253	Weyregg und der Gahberg
160	St. Gilgen und der Brunnwinkl		
161	Über den Falkenstein nach St. Wolfgang	268	MONDSEELAND
163	St. Wolfgang - sein berühmter Altar und das Weiße Rössl	271	Eine mondähnliche Sichel
164	Hoch über den Seen - der Schafberg	273	Markt Mondsee und der Mondseeberg
166	Strobl, der Bürglstein und das Blinklingmoos	275	Die Drachenwand und Schwarzindien
167	Zwölferhorn, Postalm, Bleckwand und Schwarzensee	277	Der Kreuzstein und die Nordseite des Schafbergs
200	TRAUNSEE	290	FUSCHLSEE
203	Lacus Felix - der glückliche See	293	Ein See mit Trinkwasserqualität
204	Gmunden - wo einst das Salzamt regierte	294	Burg Wartenfels und der Schober
207	Schloss Ort und die Villa Toskana		
208	Der Traunstein - Wächter des Salzkammerguts	306	ALMTAL
210	Traunkirchen, der Sonnstein und das Wechselkreuz	307	Jenseits des Salzkammerguts
212	Ebensee - zwischen Salzgewinnung, Tourismus und Brauchtum	310	ANHANG
213	Der Erlakogel und die Gasselhöhle	310	Übersicht der lohnendsten Wanderungen
213	Das Höllengebirge und die Langbathseen	316	Museen im Salzkammergut
215	Der Offensee - ein verstecktes Naturjuwel	319	Literatur

VORWORT
SUBJEKTIVE BLICKWINKEL

Gleich vorweg ein Geständnis: Dieses Buch zeichnet ein Bild einer Landschaft, das nicht immer der Wirklichkeit entspricht. Es ist mein ganz persönlicher Blickwinkel auf eine Region, die in meiner Vorstellung vorzugsweise als Sommerlandschaft verankert ist, in der ich die Regentage ausblende und die herbstlichen Talnebel nur von den Bergen herab betrachte. So zumindest habe ich das Salzkammergut seit meiner Jugend an immer wieder erlebt, an sonnenreichen Badetagen wie auf unzähligen Wanderungen, die mir einige der glücklichsten Stunden in meinem Leben bescherten.

Die Bilder aus dieser Traumwelt aus Seen und Bergen waren also schon lange in meinem Kopf, aus ihnen jedoch einen ansprechenden Bildband zu machen, war eine Herausforderung. Zugegeben ist das Salzkammergut für die Landschaftsfotografie geradezu prädestiniert und meist schnell ein vielversprechender Aussichtspunkt gefunden. Als Fotograf jedoch stellt man Ansprüche, vor allem an sich selbst. So kam es, dass ich oft tagelang nach den besten Standplätzen suchte und man mich neben meinem Stativ oft stundenlang auf das beste Licht warten sah. Häufig stolperte ich noch in der Nacht im Schein meiner Stirnlampe über Stock und Stein, nur um bei Sonnenaufgang rechtzeitig auf einem Gipfel zu stehen. Der Lohn dafür sind Bilder, in denen sich in oft nur flüchtigen Augenblicken die Elemente entscheidend verdichten. Das ist für mich die Faszination meiner Arbeit, die mich antreibt, all diese Mühen in Kauf zu nehmen.

Fotografie hat die Eigenart, eine nonverbale Sprache zu sprechen, die jeder verstehen kann. In bester Qualität gedruckt, entfaltet sie eine Wirkung, die jeder noch so gut gemeinten Beschreibung überlegen ist. Trotzdem habe ich auf erklärende Bildlegenden und umfangreiche Textseiten nicht verzichtet. Sie ergänzen die Bilder und informieren über die Sehenswürdigkeiten, geben zahlreiche Anregungen für Exkursionen und erschließen Kultur und Geschichte des Salzkammerguts. Auch auf eine kurze Darstellung der lohnendsten Wanderungen wurde nicht vergessen.

Für eine gute Übersicht gliedert sich der Bildband in einzelne Kapitel, die im Wesentlichen den Tourismusregionen entsprechen und sich an den großen Seen orientieren. Der Bogen spannt sich, vom Inneren Salzkammergut ausgehend, über das Ausseerland, den Wolfgangsee, den Traunsee, den Attersee und den Mondsee, bis wir schließlich auch den Fuschlsee und das Almtal noch streifen. Ergänzt werden die Texte und Bilder mit Karten, um eine schnelle Orientierung zu gewähren.

Somit hoffe ich, Ihnen, liebe Leserinnen und Leser, ein Buch zu präsentieren, das durch das Betrachten der Bilder Sehnsüchte weckt, das Ihnen über die Region einen bestmöglichen Überblick verschafft und mit dem Sie für jede Reise gerüstet sind, um für sich selbst die schönsten Plätze im Salzkammergut zu entdecken.

Andreas Mühlleitner   Aspach, März 2014

DAS SALZKAMMERGUT - EINE IDEALLANDSCHAFT?

Was macht eine Landschaft zur Ideallandschaft? Welche Eigenschaften und Komponenten würde man aus einem Fundus wählen, könnte man frei seinen eigenen Lebensraum gestalten? Gewiss mag es kulturbedingte Präferenzen geben und ein schon in der Epoche der Romantik idealisiertes Landschaftsbild seinen Einfluss auf uns ausüben, aber leicht vorstellbar, dass dabei eine Landschaft eine Form annehmen würde, die jener des Salzkammerguts sehr nahe kommt. Was also sind die Zutaten, die diesen bekannten Landstrich im Herzen Österreichs so unverwechselbar machen?

Da ist zunächst einmal die an sich schon verheißungsvolle Kombination aus Seen und Bergen, eine Verschwörung, die einen an windstillen Tagen das Original vom Spiegelbild im Wasser kaum unterscheiden lässt. Blickt man von den Gipfeln hinab, werden die großen Seen zu Fjorden, die sich wie krumme Finger einer Hand in die Landschaft strecken. Manch einer fühlt sich dann kurz nach Norwegen oder in die chilenischen Anden versetzt.

Die Berge wirken wohl proportioniert, nicht überhöht oder gar bedrohlich, viele sind in ihrer Form aber dennoch markant und einprägsam. Um sie herum spannt sich ein üppiger Gürtel aus Wäldern und saftig grünen Wiesen, verstreut über die Mittleren Höhen liegen verträumte Almen, auf denen im Sommer das Vieh weidet. Insgesamt spürt man eine über der Landschaft liegende Weite und trotzdem gibt es genügend engere Winkel, eigenwillige Taleinschnitte und felsumrahmte Nischen, die in sich abgeschlossen erscheinen. Glasklare Bäche springen über bemooste Felsstufen und werden zu Flüssen, welche schließlich die Seen verbinden.

Eine solch besonders reizvolle Vereinigung verschiedener, eine Landschaft prägender Eigenschaften ist selten genug, für das Salzkammergut aber immer noch zu wenig. Das entscheidende und für die Region namensgebende Kriterium ist das Salz. Erst diese weitere Komponente macht das Salzkammergut einzigartig: zu einem über viele Jahrtausende gewachsenen und vom Salz nachhaltig geprägten Kulturraum. Nirgendwo sonst auf der Welt reicht der Salzbergbau so lange in der Geschichte zurück. Vor rund 7000 Jahren entdeckten Menschen in einem entlegenen Hochtal über dem Hallstättersee eine neue Existenzgrundlage, die zum Schlüssel einer tiefgreifenden Entwicklung für die gesamte Region wurde. Bis mindestens 1500 v. Chr. lässt sich ein organisierter Salzbergbau in Hallstatt nachweisen, der bis heute kontinuierlich in Betrieb ist. Die reichhaltigen prähistorischen Funde in einem Gräberfeld veranlassten nicht nur Archäologen, einer ganzen Epoche den Namen Hallstattzeit (900 bis 400 v. Chr.) zu geben, sondern schließlich auch die UNESCO, das Salzkammergut in ihre renommierte Liste als Weltkulturerbe aufzunehmen.

Das Salz bildet also im Salzkammergut die Basis für fast alles und im Hallstätter Salzberg hat man, noch lange bevor Rom errichtet wurde, bereits Stollen in den Fels getrieben. Zum Kammergut wurde die Region freilich erst im 14. Jahrhundert durch die Herrschaft der Habsburger, einer Zeit, in der der Salzhandel eine neue Dimension erlangte, in der alles streng den Landesherren unterstellt war und in der man als Fremder die Region nur mit einer Sondergenehmigung betreten durfte. Durch den enormen Brennholzbedarf der Salinen kamen als Holzlieferanten schließlich auch der Attersee, der Mondsee und sogar das Almtal dazu. Indirekt arbeitete - ob Schiffsbauer, Holzknecht oder Landwirt - fast jeder im Dienste der Salzproduktion.

Frischen Wind brachte Anfang des 19. Jahrhunderts die Entdeckung der heilenden Wirkung der Sole auf Rheumatismus und Hauterkrankungen. Nach Ischl kamen die ersten prominenten Patienten: Erzherzog Rudolf, Erzherzog Karl und seine Gemahlin Sophie. Letztere gebärt nach zwei Kuraufenthalten den späteren Kaiser Franz Joseph, der Ischl zeitlebens verbunden bleiben sollte.

Was wäre Bad Ischl und das Salzkammergut noch heute ohne seinen Kaiser. Hier verlobte er sich mit der Wittelsbacherin Elisabeth, die als Sisi - zusammen mit ihrem leidvollen Schicksal - in die Herzen der Menschen einging, hier konnte er unbeschwert seiner Jagdleidenschaft frönen. Sommer für Sommer wurde der Regierungssitz der Monarchie ins Salzkammergut verlegt und mit dem Kaiser zog nicht nur der gesamte Hofstaat von Wien nach Ischl, sondern - ihrem Vorbild folgend - bald auch der Adel und das wohlhabende Bürgertum. Straßen, Cafes, Hotels und Landhäuser wurden gebaut, um den gehobenen Ansprüchen der verwöhnten Gäste gerecht zu werden. Es entstand das mit dem Salzkammergut untrennbar verbundene Phänomen der Sommerfrische. Durch diese in den Sommermonaten unbeschwerte Lebensweise, in der man den Alltag ausblendete, wurde sie schlechthin zum Inbegriff einer neuen österreichischen Lebensart. Von Ischl ausgehend besiedelten die Sommerfrischler nachfolgend den Traunsee, den Wolfgangsee und den Attersee. Berühmte Künstler wie Franz Lehar, Gustav Mahler und Gustav Klimt fanden an den Seen ihre Inspiration.

Nach den Weltkriegen, als so etwas wie Urlaub auch für das normale Bürgertum erschwinglich wurde, wandelte sich die Sommerfrische zum Fremdenverkehr, der heute zum wichtigsten Wirtschaftsfaktor geworden ist. Jährlich folgen viele Tausend Touristen ihren Vorstellungen von einer Ideallandschaft, wandeln auf den Spuren berühmter Persönlichkeiten und verwandeln die Seen in Freizeitparadiese. In leichter Sommerbekleidung flaniert man an den Promenaden, erfrischt sich bei einem Bad, spannt die Segel in den Wind oder wandert hinauf zu den Almen und auf die Gipfel. Dem Einheimischen sind die Gäste willkommen, er bewahrt sich dabei aber trotzdem eine gewisse Distanz und vor allem seine Identität. Gerade das Brauchtum wird im Salzkammergut noch authentischer gelebt als anderswo. Die Lederhose und das Dirndl trägt man aus Überzeugung und eben nicht nur der Touristen wegen. Der Einheimische ist bodenständig und fühlt sich seinem See verbunden, je nach dem, wo er geboren ist. Auch die Trachten sind entsprechend verschieden, was dem Fremden vielleicht nicht so auffällt, dem Eingeweihten aber sofort ins Auge springt - ein Goiserer erkennt einen Gosauer und erst recht einen Ausseer eben schon von weitem!

„Das Salzkammergut besteht aus vielen Salzkammergütern", das schreibt auch Alfred Komarek in seinem lesenswerten Buch „Salzkammergut, Reise durch ein unbekanntes Land". So sehr man sich bemüht, sich nach außen als Einheit zu präsentieren, so sehr ist die Welt im Inneren des Salzkammerguts eine kleinräumige und vielfältige; jeder See hat seinen eigenen Charakter und die um ihn lebenden Menschen ihre Eigenheiten. Die großen Seen sind die Brennpunkte der Region und bieten auch dem Neuling die beste Orientierung.

Das Salzkammergut hat also viele Gesichter, so viele wie es Seen hat – das sind immerhin 76 - und noch viele mehr. Das unergründliche Blau seiner Gewässer, das satte Grün der von Wiesen, Wäldern und Almen umstandenen Berge sind die bestimmenden Farben; Weltgeschichte, authentisches Brauchtum und Gegenwartskultur sind weitere Zutaten. Alles in allem ein wundervolles Konglomerat, in dem die vielen bunten Muster wie Maschen verbindend ineinander greifen und den Traum einer Ideallandschaft weiter verstärken.

GEOLOGISCHE PRÄMISSEN
WIE BERGE, SEEN UND HÖHLEN ENTSTANDEN,
…UND WIE DAS SALZ IN DEN BERG KAM.

Wer heute über die weiten Hochflächen des Dachsteins wandert, ahnt wohl nicht, dass er über uralten Meeresboden schreitet. Wer darauf achtet, kann die Spuren aber überall entdecken. Auf Kalksteinplatten finden sich die Abbilder von Muscheln, von Meeresschnecken, Krebsen und Seeigeln. Als würde man durch ein Fenster in die Vergangenheit blicken, so offenbart sich einem ein zu Stein gewordenes Mysterium: Wie kommen marine Lebewesen in die Gipfelregionen der Berge?

Lange Zeit blieb diese Frage unbeantwortet. Erst durch Alfred Wegeners Erkenntnisse der Plattentektonik und dem nachfolgenden Paradigmenwechsel zu einer sich ständig verändernden Erdoberfläche wurden auch Phänomene wie diese erklärbar.

Auf dem Linzer Weg von der Hofbürgl- zur Adamekhütte trifft man auf große Ansammlungen von Megalodonten, einer koloniebildenden Muschelart, die aufgrund ihrer charakteristischen Form auch Kuhtrittmuschel genannt wird. Meist sind es nur Bruchstücke, die den Versteinerungsprozess überstanden haben, aber es finden sich vereinzelt auch bis zu 30 cm große, vollständig erhaltene Exemplare. Sie stellen das Leitfossil dar in einer Zeit, in der das Salzkammergut noch von einem Ozean bedeckt war.

In der Trias-Zeit vor 230 Millionen Jahren besiedelten diese Muscheln die ausgedehnten Flachwasserlagunen des Tethysmeeres am Rande des Superkontinents Pangaea. Die Bedingungen damals müssen ähnlich gewesen sein wie heute auf den Malediven oder den Inseln der Südsee. Im warmen tropischen Meerwasser gediehen Korallen, die durch Kalkausscheidung Riffe bildeten und so die Lagunen vom offenen Meer abschirmten. Im Flachwasser begann durch die Eintragung von Kalkschlamm der Prozess der Versteinerung. Schicht für Schicht verdichteten sich so die sterblichen Überreste mariner Organismen zu festem Kalkstein. Je nach dem, wo im Tethysmeer und in welchem Zeitabschnitt die Ablagerungen stattfanden, unterscheidet man verschiedene Kalkformen. Die bekanntesten und durch die frühen geologischen Untersuchungen im Salzkammergut namensgebenden Formen sind der Dachsteinkalk (Megalodontenkalk), der Dachsteinriffkalk oder der Hallstattkalk.

Am Ende des Trias begann der Urkontinent Pangaea dann auseinanderzubrechen. Mit dem Einsetzen der Kontinentaldrift kam es auf der Erdoberfläche zu tiefgreifenden Umformungen und in diesem Prozess auch zur Auffaltung der Alpen. Dies geschah, als der Afrikanische Kontinent vor 135 Millionen Jahren gegen Europa drückte. Nach und nach wurden so auch die mächtigen Riffe und die in verschiedenen Kalkschichten einzementierten Meeresbewohner in die Höhe gedrückt.

Das ist der Grund, warum wir heute auf Wanderungen im Salzkammergut staunend in diese belebte Urzeit zurückblicken können. Nicht nur am Dachstein und am Gosaukamm sondern auch im Höllengebirge, im Toten Gebirge und im Ausseerland gibt

es bedeutende Fundstellen. Weltbekannt ist in Fachkreisen der einzigartige Reichtum an Ammoniten im Hallstattkalk des Feuerkogels südöstlich von Badaussee.

Aber nicht nur Fossilien finden sich im Salzkammergut, sondern eben auch Salz. Wie kam dieses Mineral in den Berg? Geologen wissen, dass die reichen Lagerstätten ebenso bereits im urzeitlichen Tethysmeer entstanden sind. Durch die Bewegung der Landmassen wurden kleinere Teile des Meeres isoliert, in denen sich in heißen Perioden durch die Verdunstung der Salzgehalt weiter anreicherte, und zwar so lange, bis das Salz allein zurück blieb. Diese Salzkrusten wurden von Sedimenten überlagert und weiter verdichtet. Schließlich wurden sie durch die Überfaltung der verschiedenen Gesteinsschichten in die entstehenden Berge geschoben.

Obwohl diese gebirgsbildenden Prozesse in den Alpen weiterhin im Gange sind, hat mittlerweile doch die Erosion die Oberhand gewonnen. Ein interessantes Phänomen im Kalkgestein ist in diesem Zusammenhang die Verkarstung und die damit einhergehende Ausbildung von Höhlen. Eigentlich würde man annehmen, dass der kompakte Kalk wasserundurchlässig ist und der Regen an der Oberfläche abrinnt. Kalk neigt aber auch zur Rissbildung und ist empfindlich gegen das im Wasser gelöste Kohlendioxid. Zusätzlich verstärkt auf vegetationsbedeckten Flächen noch Huminsäure die aggressive Wirkung. Risse und Fugen bieten einen idealen Angriffspunkt, in denen sich das säurehaltige Wasser weiter in den Berg frisst. Irgendwann entstehen auf diese Weise Klüfte, Karstschlote und Dolinen, die dann einen unterirdischen Abfluss bilden.

Ein Naturwunder der besonderen Art findet sich im Inneren des Dachsteins. Kaum einer der nicht dem Zauber der Rieseneishöhle erliegt.

Scharfkantige Rillenkarren auf dem Dachsteinplateau. Die Natur als Künstler.

Als Wanderer kann man zunächst an der Oberfläche die verschiedensten Karstformen entdecken und die Natur als Künstler bewundern. Messerscharfe Karren, Rinnen und Rillen bilden wundersame, wie von einem Bildhauer modellierte Strukturen. Das alles ist aber erst ein Vorgeschmack dessen, was sich im Inneren des Gesteins durch die Verkarstung gebildet hat. Als wäre es der Spielplatz eines riesenhaften Maulwurfs, der sich hier wahllos seine Gänge gegraben hat, so finden sich im Leib der Salzkammergutberge einige der eindrucksvollsten Höhlensysteme unserer Erde.

Eine dieser Wunderwelten verbirgt sich in der Nähe der Schönbergalm auf halbem Weg zum Krippenstein. Der aus Obertraun stammende Peter Gamsjäger suchte hier 1897 nach einer entlaufenen Ziege. Als ihn dabei ein Gewitter überraschte, findet er schutzsuchend an einer Felswand den Eingang in die Dachstein-Rieseneishöhle. Noch ahnte er nicht, was sich den nachfolgenden Forschern hier offenbaren wird.

Für eine Exkursion in die faszinierende Geologie des Dachsteins lohnt sich der Karstlehrpfad auf dem Krippenstein.

Dreizehn Jahre später gelingt es einer Expedition unter der Leitung von Georg Lahner, tiefer in die Höhle vorzudringen. Dabei staunen sie im Schein ihrer Lampen über eine bizarre Welt aus Eis von gigantischem Ausmaß. Im Verlauf dieser Erkundung entdecken sie riesige Gänge und Hallen, überzogen von glänzenden Eisvorhängen, die wie ein überdimensionaler Zuckerguss wirken. Blau schimmernde Säulen und gläserne Pyramiden türmen sich aus Eisströmen heraus gegen die Decke. Inspiriert von dieser Märchenwelt, gaben die Forscher den verschiedenen Abschnitten Namen wie Tristandom, Parzival- und König Artus-Dom. Einen acht Meter hohen Eisturm nennen sie Monte Kristallo.

Niemand hätte so etwas Wunderbares im Inneren eines Berges vermutet. Entstanden sind diese Eisformationen durch eine Wechselwirkung von Sickerwasser und Temperaturunterschieden. Während der Schneeschmelze am Plateau des Dachsteins dringt durch Ritzen und Fugen Wasser herein, welches in der noch winterlich kalten Höhlenluft gefriert. Millionen von Wassertropfen erstarrten so zu einem arktisch schaurigen Eispalast. Mit einem Gesamtvolumen von 13.000m³ Eis bei 5.000m² Oberfläche ist die Dachstein-Rieseneishöhle die größte Eishöhle Europas. Schon nach dem Ersten Weltkrieg zur Schauhöhle ausgebaut, bietet sie jedem Besucher ein garantiert unvergessliches Erlebnis.

In unmittelbarer Nähe der Eishöhle befindet sich aber von den Dimensionen her eine noch größere: die Mammuthöhle. In ihrer Länge misst sie über 60 Kilometer, 1200m Vertikaldistanz sind es von ihrem höchsten zum tiefsten Punkt. Wie die Rieseneishöhle wurde auch die Mammuthöhle im Sommer 1910 erstmals erkundet. Man entdeckte eine kreisrunde Röhre von zehn bis fünfzehn Metern Durchmesser, durch die einst wohl ein Fluss - die Paläotraun - geflossen ist, ebenso eine Halle von überwältigendem Ausmaß, der man später den Namen Mitternachtsdom gibt.

Während in den oberen Stockwerken die meisten der Höhlen kein Wasser mehr führen, findet man am Fuße der Berge noch aktive Höhlen. Eine davon, die an der Entwässerung des Dachsteinplateaus beteiligt ist, ist die Koppenbrüller-Höhle bei Obertraun. Im Frühjahr und nach heftigen Regenfällen stürzen aus ihr gewaltige Wassermassen. Doch schon lange bevor die Fluten den Grund der Höhle überhaupt erreichen, kann man im Berg ein unheimliches Grollen - „ein Brüllen" - vernehmen, woher auch ihr sonderbarer Name rührt.

Viele der heute im Salzkammergut bekannten Höhlen wurden erst in den letzten Jahrzehnten erforscht. Vieles in dieser Unterwelt wartet noch immer auf seine Entdeckung. Oft wochenlang verbringen die Forscher in völliger Dunkelheit, um bis in die tagfernsten Winkel vorzudringen. In der Hirlatzhöhle hat man bislang 93 Kilometer Ganglänge vermessen; sie gilt damit als die längste Höhle Österreichs.

Aber nicht nur am Dachstein sondern auch im Höllengebirge und im Toten Gebirge liegt heute ein Schwerpunkt der Forschung. Unter dem Erlakogel, dem Schönberg oder dem Loser liegen Höhlenkomplexe von noch ungeahnter Ausdehnung. Viele hundert Meter ziehen die Schlote von den latschenbewachsenen Karstflächen hinab in die absolute Dunkelheit. In oft waghalsigen Manövern folgt man kilometerlangen Verzweigungen und sucht nach Verbindungen. Zu den derzeit interessantesten Projekten zählen unter anderem die weitere Erschließung des Schönberg- und Feuertal-Höhlensystems sowie die Befahrung des weitverzweigten Labyrinths der Stellerweg- und Kaninchenhöhle unter dem Schwarzmooskogel. Gegenwärtig sind im Salzkammergut rund 1000 Karsthöhlen bekannt.

Von der Unterwelt wieder zurück an die Oberfläche und noch einmal zum Dachstein. An den Gipfelhängen seiner Nordseite gleißen im Sonnenlicht die letzten Überreste der Eiszeit. Der Schladminger- und der Hallstätter-Gletscher sind marginale Relikte einst riesiger Eismassen, die noch vor 20.000 Jahren die gesamten Alpen überzogen. Nur mehr die Felsgrate der höchsten Gipfel ragten aus der weißen Einöde heraus. Das Salzkammergut glich damals der Antarktis, war kalt, abweisend und lebensfeindlich.

Dennoch war dieser in der jüngeren Erdgeschichte mehrfach wiederkehrende glaziale Zustand Voraussetzung, um die Landschaft des Salzkammerguts so zu gestalten, wie wir sie heute vorfinden. Unter dem gewaltigen Druck der kilometerdicken Eispanzer formten sich Täler aus, an deren Rändern die fließenden Massen weiter schliffen und hobelten. Vor sich her schob das Eis riesige Mengen an Schutt, die sich zu Wällen auftürmten. Als vor 12.000 Jahren der arktische Winter dann zu Ende ging und das Eis zu schmelzen begann, verhinderten diese mächtigen Schuttwälle eine schnelle Entwässerung. Zurück blieben die ausgehölten Becken der Seen, an deren Lage zueinander man die Verzweigungen der einstigen Gletscher immer noch erahnen kann.

Interessant ist in diesem Zusammenhang, dass die großen Seen auch nicht einzeln abfließen, sondern miteinander verbunden sind. So fließt der Wolfgangsee zunächst

Der Eingang zur Koppenbrüllerhöhle bei Obertraun. Durch diese noch aktive Höhle rauscht ein Bach der sie besonders im Frühjahr zum „Brüllen" bringt.

Richtung Inneres Salzkammergut nach Ischl und erst von dort mit der Traun über den Traunsee in die Donau. Auch der Fuschlsee entwässert sich etwa nicht in die nahe Salzach, sondern steuert seine Fluten zum Mondsee, der seinerseits mit dem Attersee verbunden ist. Erst dieser größte aller Salzkammergutseen schickt an seinem nördlichen Ende bei Seewalchen die Ager hinaus ins Alpenvorland.

Die Eiszeiten formten das Salzkammergut zu dem, was es heute ist, und die letzten noch verbliebenen Gletscher am Dachstein sind dafür Zeuge. Jahr für Jahr schmilzt ihr Eis weiter dahin, bis auch sie einst ganz verschwunden sein werden. Friedrich Simony, der große Dachstein-Pionier, hat sie in der Mitte des 19. Jahrhunderts penibel vermessen. Damals flossen sie von den Gipfeln noch drei Kilometer weit hinab. Mehr als die Hälfte ihrer Masse haben sie seither verloren. Simony würde wohl kaum glauben, wie wenig von ihrem einstigen Glanz noch geblieben ist.

INNERES SALZKAMMERGUT

HALLSTATT - OBERTRAUN - DACHSTEIN - GOSAU - BAD GOISERN

INNERES SALZKAMMERGUT

HALLSTATT UND SEIN SEE

Wie ein großer Spiegel liegt der Hallstättersee zwischen steilen Bergflanken. Seine fingerartige Form erinnert an einen norwegischen Fjord, aus dem Nebelfetzen an tiefgrünen Abhängen emporsteigen. Nur selten berühren Winde seine Oberfläche, was auch erklärt, warum auf ihm keine Segelschiffe, sondern noch immer die traditionellen, im Stehen geruderten Plätten verkehren. Sein Anblick bietet ein Bild von archaischem Zauber, sein dunkles Wasser ein Fenster in eine geheimnisvolle Vergangenheit. Wer an einem frühen Morgen dem Weg an seinem unverbauten Ostufer folgt, kann diese weltvergessene Stimmung immer noch in sich aufnehmen. Wo die Flanken des Sarsteins fast senkrecht in den See stürzen, lässt einen eine direkt über dem Wasser schwebende Steiganlage die einstige Abgeschiedenheit erahnen. Auf der gegenüberliegenden Seite erblickt man an einem schmalen Uferstreifen den Ort Hallstatt, der ebenso urtümlich anmutet wie die ganze Landschaft ringsum. Um zwei Kirchen herum drängen sich die Bürgerhäuser, die aus Platzmangel direkt aus dem See herauszuwachsen scheinen.

Folgt das Auge dem steilen Abhang hinter dem Ort aufwärts, sieht man den markant auf einer vorspringenden Terrasse stehenden Rudolfsturm, eine einstige Wehranlage der Habsburger. Dahinter erkennt man das schmale Hochtal, in dem das Gräberfeld liegt, für das Hallstatt in der ganzen Welt bekannt wurde. Es endet vor dem Eingang in den Salzberg, aus dem das weiße Gold seit über dreitausend Jahren kontinuierlich abgebaut wird. Weiter im Hintergrund baut sich der zweitausend Meter hohe Plassen auf und gegen Süden der noch höhere Krippenstein, der dem mächtigen Dachsteinplateau vorangestellt ist. Nur stirnseitig des Sees finden sich Durchschlüpfe. Einer bei Obertraun, wo das aus dem Ausseerland kommende Wasser der Koppentraun aus einem schluchtartigen Tal tritt, ein anderer bei Steeg, wo eben dieses Wasser den See, nachdem es ihn durchströmt hat, wieder verlässt. Von hier an allerdings lässt man in der Gewässerbezeichnung das „Koppen" weg und der Fluss wird zur Traun.

Vom Ostuferweg aus hat man alles bestens im Blick und es ist sicher auch die schönste Art, sich Hallstatt anzunähern. Aber auch eine Anreise mit dem Zug bietet eine würdige Alternative, da die Bahntrasse ebenfalls entlang des Ostufers führt und der Bahnhof dem Ort Hallstatt auf dieser Seeseite gegenüber liegt. Mit jeder Ankunft eines Zuges wartet auch schon ein Schiff, das den Reisenden gemächlich über den See bringt. Vom Deck aus hat man Gelegenheit, die ganze Szenerie bewusst auf sich wirken zu lassen. Nachdem das Schiff in der Nähe der evangelischen Kirche angelegt hat, wird man die eben über dem Wasser noch wahrgenommene Ruhe mit einer gewissen Betriebsamkeit tauschen. Man teilt den kleinen Ort dann nicht nur mit den 900 Einwohnern von Hallstatt, sondern auch mit vielen anderen Besuchern. An manchen Sommertagen sind es mehrere Tausend, die das Welterbedorf sehen wollen, Touristen aus allen Ländern der Welt. Die meisten kommen per Auto oder Bus, bleiben bloß einen Tag und

INNERES SALZKAMMERGUT

fahren dann wieder. Nicht nur eine Straße sondern auch Parkplätze hat man dafür hinter dem Ort in den Berg gemeißelt.

Um zu verstehen, was diesen großen Andrang rechtfertigt, muss man Hallstatt und seine Umgebung unbedingt gesehen haben. Es ist eine Vielzahl an Eindrücken, die diesen Ort an seinem See so einzigartig machen. Begeben wir uns auf einen Rundgang. Alles im Ort ist grundsätzlich recht überschaubar und drängt sich an einem schmalen Band entlang des Sees, da schon wenige Häuserreihen dahinter der Berg für eine Bebauung zu steil wird. In vorderster Reihe stehen die verwitterten Bootshäuser, die zum See hin offen sind und aus denen so manche Spitze einer Plätte lugt. Hinter diesen stapeln sich die Häuser aber bald eng übereinander, verschachteln sich holzgedeckte Dächer und reichen sich spitze Giebel die Hand, erreichbar nur durch verwinkelte Gassen und steile Treppen. Abgesehen von einer schmalen Uferpromenade hat sich für Straßen kein Platz gefunden.

Einzig der im Zentrum gelegene Marktplatz mit der Dreifaltigkeitssäule bietet ein wenig Raum. Die Bänke, die man um dieses Denkmal herum aufgestellt hat, laden ein zum Verweilen. Überhaupt sollte man sich bei einer Besichtigung Zeit nehmen, um auch die vielen Details zu erfassen. Denn obwohl sich die Häuser ähneln und sich zu einem großartigen Ensemble verbinden, hat doch jedes einzelne von ihnen seine eigene Geschichte und Seele. Manche Fronten schmückt ein reich verzierter Erker oder ein Balkon, zwischen grünen Fensterläden quellen rote Geranien und an den Hauswänden tragen an Spalieren langgestreckte Obstbäume ihre Frucht. Die Einwohner haben sich viel Mühe gegeben, um alles schön und sauber zu halten.

Ob das schon immer so gewesen ist? Hallstatt war und ist noch immer eine Bergwerkssiedlung, auch wenn der Salzabbau heute an Bedeutung verloren hat. Die Bewohner fühlen sich mit dem Bergwerk verbunden und jeder Hallstätter findet wohl in seinem Stammbaum einen Bergmann. Ohne das Salz und das Bergwerk würde es Hallstatt nicht geben.

Tatsächlich war es aber erst die Ankunft der Römer, die die Geschichte des Dorfes, durch das wir heute spazieren, begründete. Sie waren wahrscheinlich die Ersten, die ihre Wohnhäuser direkt am See errichteten, obwohl das Salzbergwerk zu dieser Zeit schon mindestens 1500 Jahre in Betrieb war. Aber die Spuren am See sind - anders als jene im Hochtal - weniger deutlich. Vieles bleibt dabei im Dunkeln. Erst mit dem Auftreten der Habsburger lässt sich der Faden einigermaßen wieder aufnehmen. Zudem hat im September 1750 ein fürchterlicher Brand Hallstatt fast bis auf die Grundmauern zerstört. Was man heute sieht, ist eine Bergwerkssiedlung mit spätbarocken Zügen, die die Menschen seither wieder aufgebaut und gestaltet haben.

Auch wenn es manchmal den Anschein hat, die Zeit sei in Hallstatt stehen geblieben, so ist dies natürlich nicht der Fall. Seit die UNESCO 1997 die Region zum Welterbe der Menschheit erklärt hat, hat auch der Fremdenverkehr eine neue Dimension erfahren. Neben Wien und Salzburg gehört eben heute auch Hallstatt zum Fixpunkt jeder Österreichreise. Und so spaziert man in den Gassen neben Amerikanern und Franzosen, staunt über die verschiedenen „Sights" zusammen mit Italienern und Deutschen und

Das Welterbedorf Hallstatt von seiner schönsten Seite. Egal, woher die vielen Besucher kommen, tausendfach werden ihre Kameras jeden Tag auf dieses berühmte Motiv gerichtet.

Auf einem Felsvorsprung steht die katholische Pfarrkirche mit ihrem beschaulichen Friedhof.

Berühmt ist das Beinhaus in der gotischen Michaelskapelle, in dem längst verstorbene Hallstätter ihre letzte Ruhe gefunden haben.

fotografiert gemeinsam mit Japanern und Chinesen, zumindest tagsüber. An einem frühen Morgen oder abends ist es ruhiger, dann kehrt eine gewisse Beschaulichkeit in dieses uralte Bergwerksdorf zurück.

Auf unserem Rundgang folgen wir vom Marktplatz aus einer Gasse und einigen Stiegen hinauf zur katholischen Pfarrkirche, nicht nur der schönen Aussicht wegen. Der spätgotische Bau mit aufgesetztem Zwiebelturm gehört zusammen mit dem Beinhaus zu den wichtigsten Sehenswürdigkeiten. Die Kirche beherbergt in ihrer zweischiffigen Halle einen gotischen Doppelflügelaltar von herausragender Kunstfertigkeit. Geschaffen wurde er um 1510 in der Werkstätte von Leonhard Astl. Vom Aufbau her befindet sich in der Mitte der Hauptschrein mit der Gottesmutter Maria, der von je zwei beweglichen Innen- und Außenflügeln flankiert wird. In filigran geschnitzten Reliefdarstellungen zeigen die Flügel verschiedene Bibelszenen, welche gemäß dem Verlauf des Kirchenjahres in die entsprechende Ansicht geklappt werden können.

Wieder im Freien sollte man zunächst ein wenig den kleinen Friedhof betrachten, um festzustellen wie wenig Platz er für die Toten lässt. Das war auch der Grund, warum sich die Menschen von Hallstatt im 16. Jahrhundert dazu entschieden haben, ihre Verstorbenen nach 20 - 30 Jahren zu exhumieren, um in den Gräbern eben für andere wieder Platz zu schaffen. Ihre Schädel wurden dann in der Sonne gebleicht und anschließend kunstvoll verziert. Neben dem Namen sowie dem Geburts- und Sterbedatum des Toten malte man ihnen noch Kränze aus Efeu- und Eichenblättern auf.

In dem dem Friedhof rückseitig angeschlossenen Beinhaus werden die Schädel aufbewahrt. In einem Halbkreis stapeln sich einen Meter hoch Arm- und Oberschenkelknochen, über ihnen reihen sich Hunderte der präparierten Häupter. Wie viele Generationen haben hier schon ihre letzte Ruhestätte gefunden? Die Ältesten sind über 200 Jahre alt, viele sind jüngeren Datums. In der Mitte der Gruft verweist ein Holzkreuz auf die Hoffnung der Auferstehung.

Von den Toten zurück zu den Lebenden. Bevor man jedoch die Treppen wieder hinuntersteigt, sollte man noch einmal über die Friedhofsmauer blicken. Hallstatt liegt einem zu Füßen. Man sieht über die Dächer hinab zur zweiten, noch jüngeren Kirche. In ihrer schlichten aber prägnanten Bauweise ist sie mit ihrem spitzen Turm das Gotteshaus der Evangelisten. Dahinter glänzt geheimnisvoll der See und es blendet die Sonne im Gegenlicht. Auf der dunkel gleißenden Oberfläche schaukeln einige Boote und ein Schiff bringt vom Bahnhof herüber neue Touristen. Wäre da nicht dieses modern anmutende Schiff, für einen Augenblick würde man doch glauben, dass die Zeit hier stillgestanden ist.

DER SALZBERG UND DAS GRÄBERFELD

Hat man das Dorf Hallstatt ausgiebig erkundet, wendet man sich am besten dem Salzberg zu. Er ist die Basis, auf der alles entstanden ist.

Wer etwas Kondition mitbringt, sollte dazu den Wanderweg nehmen, der hinter den Häusern in vielen Serpentinen den steilen Hang hochführt. An einer Tafel wird man gleich zu Beginn an die Kerntragweiber erinnert, die bis zum Jahr 1890 auf diesem Pfad zweimal täglich bis zu siebzig Kilogramm schweres Steinsalz vom Bergwerk zum See schleppen mussten. Das führt einem auch vor Augen, dass während der landesfürstlichen Verwaltung des Salzabbaus durch die Habsburger nicht alle in Hallstatt reich geworden sind. Den Arbeitern im Bergwerk oder den Hozknechten wurde meist nur ein karger Lohn bezahlt, sodass auch die Frauen Hand anlegten, damit die Familie ein Auskommen fand.

Vierhundert Höhenmeter sind es vom See hinauf bis zum Rudolfsturm, den Herzog Albrecht hier im Jahr 1282 errichtet und nach seinem Vater Rudolf benannt hat. Der Turm diente damals den Habsburgern als Verteidigungsanlage im Salzkrieg gegen das Erzbistum Salzburg. Heute befindet sich im Erdgeschoß ein Gasthaus, in dem man bei Kaffee und Kuchen die herrliche Aussicht über den See genießen kann. Hallstatt wirkt von hier oben bereits wie ein Spielzeugdorf und der Blick hinab verdeutlicht einmal mehr, wie eng die Häuser auf dem kleinen Schwemmkegel zusammenrücken mussten.

Wem der Fußweg zum Rudolfsturm doch zu mühsam ist, der nimmt einfach die Salzbergbahn, einen komfortablen Schrägaufzug, der in der Saison jede halbe Stunde hinauf - und wieder hinunterfährt. So hat man auch noch mehr Energie, um ab hier erst richtig in die Geschichte einzutauchen. Vor einem liegen das Hochtal mit dem Gräberfeld und der Salzberg.

Es war das Jahr 1734, als Bergleute einen verschütteten Stollen freilegten und dabei einen toten Kameraden fanden. Der Mann trug ungewöhnliche Kleidung, seine Haut war ausgedörrt und hatte einen seltsamen Geruch. Das Alter der Leiche schätzte man auf höchstens hundert Jahre. Tatsächlich aber hatte sie das Salz mehr als zweitausend Jahre lang konserviert. Sogar Haupt- und Barthaare waren erhalten geblieben. Der Fund war eine Sensation, die jener vom „Ötzi" gleichkommt, nur dass das damals niemand erkannt hatte. Im Gegenteil, man ließ aus Aberglauben den Toten im Selbstmörderwinkel des Friedhofs wieder verscharren.

INNERES SALZKAMMERGUT

Blick vom Rudolfsturm auf das weltbekannte Hochtal mit dem Gräberfeld und dem Salzberg im Hintergrund.

Gut hundert Jahre nach diesem „Mann im Salz" stieß man bei der Aushebung einer Schottergrube wieder auf Tote. Zwischen den Gebeinen fand man auch Scherben und Schmuck. Johann Georg Ramsauer, der damals das Bergwerk leitete, erkannte diesmal aber den Wert des Fundes, ließ die Bauarbeiten einstellen und die Fundstücke sorgsam freilegen. Das war 1846 die Entdeckung des Gräberfeldes, für das Hallstatt letztendlich weltberühmt wurde.

In den nachfolgenden 20 Jahren wurden unter der Leitung von Ramsauer 900 Gräber freigelegt und dabei ein unglaublicher Schatz an Grabbeigaben gefunden. Ramsauer war dabei ein äußerst umsichtiger Mensch. Obwohl er ein Laie war, arbeitete er penibel genau wie ein Wissenschaftler. Über jedes einzelne Grab wurde genauestens Buch geführt, alles wurde vermessen und dokumentiert. Sein Mitarbeiter Isidor Engl fertigte von den Fundgegenständen Skizzen und Aquarelle an. Nach und nach wurden diese Ausgrabungen immer bedeutender und rückten Hallstatt ins internationale Rampenlicht.

Man wurde sich einig, dass das Gräberfeld Zeugnis einer Hochkultur ablegte. Die Fundstücke waren aus kostbaren Materialien, darunter auch Gold, Bernstein und Elfenbein. Dazu musste es weitreichende Handelsbeziehungen gegeben haben und auf Grund der ungleichmäßigen Verteilung der Grabbeigaben auch eine ausgeprägte gesellschaftliche Hierarchie. In manchen Gräbern fand man reich verzierte Dolche und Bronzegefäße, die als Statussymbole gedient haben könnten. Das Alter der Exponate datierte man zwischen 800 und 400 vor Christi, also in die ältere Eisenzeit. Angesichts der Reichhaltigkeit und Einzigartigkeit der Funde gab man diesem Zeitabschnitt den Namen Hallstattzeit.

Als Besucher des Hochtals wird man von den Ausgrabungen heute kaum mehr etwas wahrnehmen. Die Vegetation hat die Fundstellen längst wieder überwuchert. Trotzdem kann man sich an einem schön gestalteten Schaugrab Gedanken machen, wer diese Menschen gewesen sind. Verschiedene Infotafeln geben Anregung, sich in diese Zeit der Hallstattkultur zurückzuversetzen.

Ein Stück weiter steht man dann auch schon vor dem Eingang zum Salzberg. An historischer Bedeutung steht er dem Gräberfeld um nichts nach. Denn es kam hier nicht

INNERES SALZKAMMERGUT

nur der Mann im Salz ans Tageslicht sondern auch Gegenstände, die über die Periode der Hallstattzeit hinaus noch weiter in die Vergangenheit weisen. Für das älteste Fundstück - einen Hirschgeweihpickel - ergab die Radiokarbonmethode ein Alter von 7000 Jahren. In prähistorischen Stollen fand man außerdem die mit 3400 Jahren bislang älteste Stiege und das älteste Seil der Welt. Alles deutet auf einen schon in der Bronzezeit hochentwickelten und straff organisierten Bergbaubetrieb.

Ob das Bergwerk aber tatsächlich, wie oft behauptet, bis in die Jetztzeit ununterbrochen in Betrieb war, kann nicht mit Sicherheit gesagt werden. Zumindest weiß man, dass es immer wieder größere Einbrüche gab. 400 vor Christi soll ein Murenabgang den damaligen Höhepunkt des Salzabbaus abrupt beendet haben; auch die Funde im Gräberfeld weisen von da an eine Lücke auf. Vielleicht waren es sogar die starken Rodungen durch den ständigen Holzbedarf, die den Erdrutsch auslösten. Deutlichere Spuren finden sich erst wieder mit den Römern im ersten Jahrhundert und nach einer neuerlichen Unterbrechung nach den Wirren der Völkerwanderung.

Mit der beginnenden Herrschaft der Habsburger erlangte der Bergbau dann aber seinen zweiten Höhepunkt und auch eine neue Dimension. Vom prähistorischen „trockenen" Abbau des Steinsalzes ging man dazu über, das Salz mittels Wasser aus dem Gestein herauszulösen. Man errichtete in Hallstatt die ersten Pfannhäuser, in denen die in Rohrleitungen herangeführte Sole in riesigen Pfannen wieder verdampft wurde. Der Beruf der „Salzfertiger" entstand. Auch die Transportwege entlang der Traun wurden weiter ausgebaut. Vor allem durch den enormen Holzbedarf in den Pfannhäusern wurde ein immer größeres Gebiet für die Salzproduktion beansprucht. Von der Hofkammer in Gmunden verwaltet, wurde ein Gebiet bis in den Attergau hinaus schließlich zum Salzkammergut und das Salz wegen des hohen Absatzes tatsächlich zum weißen Gold für die Habsburger.

In einem Schaugrab sowie im Welterbe-Museum Hallstatt kann man der 7000-jährigen Geschichte nachspüren und dabei eine Vorstellung vom Leben der einstigen Bewohner gewinnen.

INNERES SALZKAMMERGUT

Als die Wälder um Hallstatt aber vollständig gerodet waren und das Holz zu den Sudhäusern immer weitere Wege auf sich nehmen musste, versuchte man den umgekehrten Weg. 1592 begann man mit dem Bau einer Soleleitung, die vom Hallstätter Salzberg bis zum Traunsee nach Ebensee führen sollte. Als damalige technische Meisterleistung verband man 13.000 ausgehöhlte Lärchenstämme zu einem 40 Kilometer langen Rohrsystem. 1607 ging dann die in Ebensee errichtete Saline erstmals in Betrieb.
Entlang dieser „ältesten Pipeline der Welt" führt der Soleleitungsweg, der als besonderer Wandertipp gilt. Obwohl die Leitung heute durch Kunststoffrohre ersetzt wurde, ist ihr Verlauf seit vierhundert Jahren der gleiche geblieben. Der schönste Abschnitt ist wohl jener entlang des Hallstättersees, wo der Weg beim sogenannten Gosauzwang das Tal der Gosau über eine 43 Meter hohe Pfeilerbrücke überwindet.
Aber bleiben wir beim Salzberg. Als Schaubergwerk ausgebaut, kann man in ihm die ganze viertausendjährige Geschichte des Salzabbaus noch einmal Revue passieren lassen. Eine Grubenbahn bringt die Besucher hinein in eine andere, in eine eigentlich abweisende, dunkle und kalte Welt. Dennoch wird die Fahrt und die Begehung im Reich der Finsternis zu einem einzigartigen Erlebnis. Alles hat man großartig inszeniert: Spaß machen die Bergmannrutschen, auf denen man rasant die verschiedenen Etagen überwindet, ergreifend ist der tief im Inneren des Berges gelegene Salzsee, auf dessen spiegelglatter Oberfläche Oben und Unten zu einer illusorischen Einheit verschmelzen, und spannend sind die Geschichten über den „Mann im Salz", wie er gelebt hat und wie er gestorben ist.
Salz ist heute ein Industrieprodukt und zur Selbstverständlichkeit geworden. Es gibt so viel davon, dass wir es sogar auf die Straßen streuen. Aber das war nicht immer so. Es gab Zeiten, in denen dieses lebensnotwendige Mineral mit Gold aufgewogen wurde, weil es rar war und es durch unvorstellbar harte Arbeit gewonnen wurde. Hier im Hallstätter Salzberg hat alles begonnen und das sollte man sich, bevor man aus der Unterwelt wieder ans Tageslicht tritt, noch einmal bewusst machen.

EIN ABSTECHER INS ECHERNTAL

Nach diesem Exkurs in die Geschichte des Salzbergwerks hat man vielleicht wieder mehr Lust auf die Natur. Wie wäre es mit einer Wanderung ins Echerntal? Beim Ortsteil Lahn, gleich am Südende von Hallstatt, schneidet sich dieses wildromantische Tal zwischen Plassen und Dachsteinplateau in das Kalkgestein. Die steile Hirlatzwand auf der einen und die Echernwand auf der anderen Seite lassen es wie einen Canyon erscheinen. Am Grund rauscht durch einen herrlichen Wald das Gletscherwasser des Dachsteins.
Schon früh zog dieses versteckte Naturjuwel auch Maler und Schriftsteller an. So erzählt die Legende, dass einst der große Dachsteinforscher Friedrich Simony seinen Freund Adalbert Stifter hierher geführt hat. Obwohl es stark regnete, machten sie sich trotzdem auf den Weg, als ihnen aus der Wildnis heraus zwei spärlich bekleidete Kinder entgegenkamen. Auf den Köpfen trugen sie zwei riesige vom Regen durchtränkte Filzhüte. Stifter fragte sie, woher sie kämen, worauf sie erzählten, dass sie Erdbeeren gesammelt und vor einem Gewitter in einer Höhle Schutz gefunden hatten. Einen Tag später zeigte Simony seinem Freund ein Bild von einer blau schimmernden Gletscherhöhle, wie er sie selbst hoch oben am Dachstein gesehen hatte. Inspiriert von diesen beiden Erlebnissen schreibt der Schriftsteller später seinen berühmten Roman „Bergkristall".

INNERES SALZKAMMERGUT

Südlich von Hallstatt schneidet sich das Echerntal in das Dachsteinmassiv. Es bietet dem Wanderer eine wildromantische Kulisse mit eiszeitlichen Relikten und 90 Meter hohen Wasserfällen.

Wer auf diese Weise fliegen kann, startet am besten vom Krippenstein und nutzt die Thermik über dem Hallstättersee.

Auf einer Wanderung ins Echerntal ist es, als würden einem diese beiden Kinder aus Stifters Erzählung fortwährend begegnen. Irgendwo zwischen den grünen Vorhängen des Waldes könnten sie jederzeit auftauchen. Durch die Riesenwände ringsum und durch das über moosbewachsene Steine plätschernde Wasser wird der mystische Eindruck entsprechend verstärkt.

Die gut beschilderten Wege begleiten den Waldbach zu schönen Wasserfällen wie dem Strubfall, überwinden versicherte Felsstufen und führen zu einem Gletschergarten, in dem Strudellöcher und sogenannte Gletschertöpfe an die letzte Eiszeit erinnern. Wenn man am Ende des Tals noch einmal eine Steilstufe überwindet, gelangt man zum Waldbachursprung, einer Karstquelle, die hier das unterirdisch abgeflossene Wasser des Dachsteins wieder frei gibt. Je nach Jahreszeit und Witterung schwankt die austretende Wassermenge beträchtlich.

OBERTRAUN UND DER DACHSTEIN

Obertraun liegt im Schatten von Hallstatt und doch in der Sonne. Im Schatten deshalb, weil es vom Weltruhm, den Hallstatt erlangt hat, eigentlich nur träumen kann. Es kann weder einen Salzberg noch irgendeinen prähistorischen Fund vorweisen. Dafür aber scheint in Obertraun tatsächlich öfter die Sonne. Wenn sie nämlich in Hallstatt längst hinter dem Berg verschwunden ist und es dort im Winter oft tagelang düster bleibt, badet sich Obertraun im Licht.

Der Ort am Südende des Sees liegt Hallstatt genau gegenüber. Die beiden Gemeinden pflegen seit jeher eine innige Beziehung und necken sich dabei auch gerne liebevoll. Vom schönen Obertrauner Strandbad aus bietet sich jedenfalls ein vorzügliches Hallstattpanorama inklusive Salzberg und Plassen. Ein Sprung ins maximal 20°C warme Wasser des Hallstättersees ist erfrischend, gehört aber mit zum Besten, was ein Hochsommertag im Inneren Salzkammergut zu bieten hat.

Von Obertraun ist es nur mehr ein kurzer Sprung hinüber ins Ausseerland. Dazu bietet sich der neun Kilometer lange Koppental-Wanderweg an, der durch einen naturbelassenen Taleinschnitt dem schäumenden Wasser der Koppentraun folgt. Zu einem Themenweg mit dem Titel „Weg durch die Wildnis" ausgebaut, erfährt man auf Schautafeln etwas über die Tierwelt, die Jagd, die frühere Holztrift oder die Koppenbrüllerhöhle. Letzterer sollte man unbedingt einen Besuch abstatten.

Die Koppenbrüllerhöhle zählt zu den wenigen noch aktiven Höhlen im Dachsteingebiet. Besonders im Frühjahr donnert das Wasser mit einem großen Getöse aus ihr heraus. Schon von weitem hört man das „Brüllen", das der Höhle ihren Namen gab.

Zwei weitere Höhlen können ebenfalls gut von Obertraun aus besichtigt werden: die Dachstein-Rieseneishöhle und die Mammuthöhle. Beide finden sich in der Nähe der Schönbergalm auf halbem Weg der Seilbahn zum Krippenstein. Sie zählen überhaupt zu den größten Höhlenwundern der Welt. Die Rieseneishöhle ist ein einzigartiger gefrorener Palast aus geheimnisvoll blau schimmernden Zapfen, Türmen und Säulen, die noch größere Mammuthöhle eine gewaltige Kathedrale wunderbarer Tropfstein-Formationen. Auf regelmäßig stattfindenden Führungen können Besucher dem Zauber der Höhlen hautnah begegnen. In der Rieseneishöhle finden im Sommer sogar Eisklangkonzerte statt, die ein Hörerlebnis der Extraklasse bieten.

Setzt man von den Höhlen seine Fahrt in den Panoramagondeln der Seilbahn fort, gelangt man auf den 2100 Meter hohen Gipfel des Krippensteins. Von ihm erschließt

Auf dem Krippenstein führt der Karstlehrpfad zum Heilbronner Kreuz, das an das Unglück von 1954 erinnert, bei dem eine Schulklasse aus Heilbronn auf einer Wanderung tragisch ums Leben kam.

Ein beliebtes Wanderziel auf dem Dachsteinplateau ist die Gjaidalm. Schon zur Römerzeit soll dieser Ort zur Viehhaltung genutzt worden sein.

sich einem die wohl faszinierendste und umfassendste Aussicht auf die Welterberegion. Der Tiefblick zum Hallstättersee ist überwältigend. Wer gerne etwas Nervenkitzel liebt, kann auf der spektakulären Stahlkonstruktion der „five fingers" über einen 400 Meter tiefen Abgrund treten. Auf einem dieser frei schwebenden Stahlfinger trennt einen nur noch eine Glasplatte vom freien Fall.

Dreht man sich um, erblickt man den Dachstein, den König der Salzkammergut-Berge. Es ist aber nicht nur die vergletscherte Gipfelregion, sondern vor einem liegt ein riesiges Karsthochplateau mit einer Gesamtfläche von 870 km². Der Krippenstein ist ein nördlicher Eckpfeiler dieser Hochfläche und als Ausgangspunkt für Erkundungstouren hervorragend geeignet.

Es bieten sich verschiedene Möglichkeiten an. Zum Beispiel kann man auf einem Karstlehrpfad die kunstreichen Ausformungen im Kalkgestein studieren, zahlreiche durch die modellierende Wirkung des Wassers entstandene Karren. Da und dort zwängt sich ein Enzian oder andere Vegetation in Miniaturklüfte. Schaut man genauer, kann man marine Fossilien entdecken, die einem ins Gedächtnis rufen, dass man eigentlich auf einem 220 Millionen Jahre alten Korallenriff steht (siehe auch Seiten 15-19).

Sogar für Kinderwagen tauglich führt der Karstlehrpfad geradewegs zum Heilbronner Kreuz, das an ein in der jüngeren Geschichte tragisches Ereignis erinnert: Das Unglück geschah in der Karwoche 1954, als eine Schulklasse aus Heilbronn sich auf eine Bergtour begab. Obwohl das Wetter sich verschlechterte und trotz der Warnungen der Einheimischen ließen sich die vier Lehrer mit ihren zehn Schülern nicht umstimmen. Bereits am Abend desselben Tages, einem Gründonnerstag, galt bis auf eine Lehrerin, die nach zwei Stunden umkehrte, die gesamte Gruppe als vermisst. Vier Tage suchte man nach den Vermissten. Zusammengekauert fand man die Gruppe erfroren in einer Mulde; weder die Lehrer noch eines der Kinder hatte überlebt. Wer sich von hier aus weiter in die endlose Hochfläche „am Stein" hineinbegeben will, sollte erfahren sein. Die Karstlandschaft hat ihre Tücken, denn es gibt viele Dolinen; die Distanzen sind groß und bei Schlechtwetter ist die Orientierung schnell verloren. Für Gelegenheitswanderer ist es daher besser, vom Heilbronner Kreuz aus die Gjaidalm anzupeilen, von der man, nach dem man sich dort mit einer Jause gestärkt hat, sicher auf den Krippenstein zurückwandern kann.

Eine andere Möglichkeit bietet der Weg von der Gjaidalm zur Simonyhütte, die in grandioser Lage am Fuß des Hallstätter Gletschers an den großen Dachsteinforscher erinnert. Friedrich Simony persönlich hatte noch 1877 den besten Platz für diese Bergsteigerunterkunft ausgesucht. Schon vorher war er aber von Hallstatt aus immer wieder hierher vorgedrungen und hat am Dachstein in der Mitte des 19. Jahrhunderts eine unglaubliche Pionerarbeit geleistet. Über Jahrzehnte hinweg vermaß er penibel die Gletscher und führte über jede Veränderung genauestens Buch. Er war nicht der Erste auf dem Dachstein-Gipfel - das war 1832 der Filzmooser Peter Gappmayer - aber der Erste, der ihn auch im Winter bestieg und eine Nacht auf ihm verbrachte. „Er schuf mir die schönste, die erhabenste Stunde meines Lebens", schrieb Simony im Jahr 1843 nach seinem Gipfelbiwak.

Fünf Meter fehlen dem Dachstein zu einem Dreitausender und viele Gipfel im Alpenhauptkamm sind höher als er und haben noch mächtigere Gletscher, aber mit Superlativen wird man ihm nicht gerecht. Der Dachstein ist kein Einzelberg, sondern ein ganzes Gebirge und es ist die Summe vieler wunderbarer Facetten, die ihn auf weitem Feld so erhaben macht.

Ob im Sommer oder im Winter, in seiner Vielfältigkeit hat der Dachstein auch für jeden etwas zu bieten. Der Wanderer kann auf markierten Wegen zwischen acht Alpenvereinshütten und unzähligen Almen großartige Natur erleben. Je nach Höhenlage durchschreitet man sämtliche Vegetationszonen: von tiefgrünen Wäldern in den Tälern, blumenreichen Almböden und zirbenbestandenen Hochflächen bis hinauf zum ewigen Eis der Gletscher. Kletterer finden in lotrechten Wänden besten Fels und selbst dem Zeitgeist für das „Bergsteigen für Wanderer" ist man nachgekommen. Der berüchtigte Seewandklettersteig ist nur ein Beispiel für einen der schwierigsten Eisenwege im ganzen Alpenraum.

Im Winter locken auf dem Plateau der tadellose Pulverschnee und die mit elf Kilometern längste Schiabfahrt Österreichs. Für Freerider gilt der Krippenstein als Hotspot der Szene und die Fülle an Möglichkeiten ist für Tourenschigeher und Schneeschuhwanderer in traumhafter Winterlandschaft kaum zu überbieten.

DAS GOSAUTAL

Am Nordende des Hallstättersees öffnet sich gegen Westen ein schmaler Durchlass für das kühle Wasser des Gosaubaches. Wo er in den See mündet, überspannt auf schweren Steinpfeilern die Soleleitung ihr größtes Hindernis. Folgt man dem Bachlauf durch den waldreichen Einschnitt aufwärts, gelangt man ins Gosautal, von dem es heißt, dass es früher noch abgeschiedener war als Hallstatt. Diese Behauptung stützen noch heute die vielen alten Bauernhäuser, die verstreut über fruchtbare Wiesen wunderbar in die Landschaft passen.

In einem weiten Talboden liegt westlich des Dachsteins die Tourismusgemeinde Gosau als idealer Augangspunkt für viele Unternehmungen.

Rund um das Gosautal befinden sich viele bewirtschaftete Almen. Von der Ebenalm aus genießt man einen der besten Blicke auf die wilden Felszacken des Gosaukamms.

Der Ort Gosau erstreckt sich über mehrere Kilometer entlang des weiten Talbodens, der sich in Vorder-, Mitter- und Hintertal gliedert. Auffällig sind die beiden an einem Hang gelegenen Kirchen und der hinter ihnen aufragende Kalvarienberg. Die katholische Kirche aus dem Anfang des 16. Jahrhunderts ist dabei die älteste. Kurz nach ihrer Fertigstellung erreichte aber die Lehre Martin Luthers das Salzkammergut, die hier besonders großen Zuspruch fand.

Der ständigen Ausbeutung durch die Obrigkeit überdrüssig, bekannten sich innerhalb kürzester Zeit fast alle im Salzbergbau Beschäftigten zum Protestantismus. Über 150 Jahre widerstanden sie der Gegenreformation, schmuggelten auf „Bibelsteigen" die Schriften Luthers über die Berge und feierten in Berghöhlen geheime Messen. Dann aber wurde der Druck der Habsburger zu groß und der hartnäckige Widerstand endete mit der Deportation von 30.000 Protestanten nach Ungarn und Siebenbürgen. Erst durch das 1781 von Kaiser Joseph II. erlassene Toleranzpatent gewährte man der Bevölkerung Religionsfreiheit und die oft grausame Verfolgung nahm ein Ende.

Gosau war im Salzkammergut die erste Gemeinde, die sich öffentlich zum Protestantismus bekannte. So wurde - wie dann in vielen anderen Orten auch - eine zweite, eben eine evangelische Kirche gebaut. Noch heute berufen sich 80 Prozent der Gosauer auf die Lehre Luthers.

Bekannt war und ist Gosau noch immer für seine Schleifsteine, für den „Mogl", wie die Gosauer sagen, aus dem sie heraus gefräst werden. „Mogl", das ist ein sehr feinkörniger Sandstein, der sich bestens dazu eignet, alles zu schleifen, was eine „Schneid" braucht, und der in den Gosauschichten besonders häufig vorkommt. Vermutlich wird dieses in verschiedenen Härtegraden vorgefundene Gestein schon seit

INNERES SALZKAMMERGUT

der Eisenzeit abgebaut. Die Hauptvorkommen liegen in der Nähe der Plankenstein-Alm. Dort oben, 700 Höhenmeter über dem Tal, liegt der Steinbruch, der von Gosau aus zu Fuß in zwei Stunden erreichbar ist. Den eigentlichen Reiz dieser Wanderung stellen aber die lieblichen Almen und das in der Nähe gelegene Löckenmoos dar. Bei diesem handelt es sich um ein Latschenhochmoor mit einem kleinen See und einigen seltenen Pflanzen wie dem Rundblättrigen Sonnentau. Als ausgewiesenes Naturschutzgebiet kann es auf neu angelegten Holzstegen gut erkundet werden.

Auf das eigentliche Highlight des Gosautals trifft man aber erst im Talschluss, etwas versteckt um die Ecke gelegen. Der große Naturforscher Alexander von Humboldt nannte sie 1797 ihrer einzigartigen Schönheit wegen „die Augen Gottes". Gemeint hatte er damit die tiefblauen Gosauseen. Bei klarem und windstillem Wetter kommt es im Vorderen Gosausee zu einer perfekten Spiegelung des Dachsteins. Wer diese magische Verdoppelung und das unsagbare Farbenspiel an so einem Tag einmal gesehen hat, kann die Begeisterung Humboldts verstehen. Diese besonders reizvolle Westseite des Dachsteins mit dem Gosaugletscher zählt im Salzkammergut deshalb neben Hallstatt zum häufigsten Fotomotiv.

Während eines Rundgangs kann man am Vorderen Gosausee über eine Sage nachdenken: Im See lebt eine kleine Saiblingart, die man „Schwarzreiter" nennt. Zur Zeit der Gegenreformation haben erzbischöfliche Reitertruppen aus Salzburg eine Gruppe widerständiger Gosauer im Talschluss zusammengetrieben. Als die Protestanten keinen Ausweg mehr sahen, flohen sie über den im Winter zugefrorenen See. Als ihnen die Reiter mit ihren schwarzen Rössern folgten, brach jedoch das Eis und das dunkelkalte Wasser hat sie für immer verschlungen. In Anlehnung an die schwarzen Pferde leben seither im See Fische mit einem schwarzen Rücken, eben die „Schwarzreiter".

Wer dem Wanderweg weiter folgt, kommt zum Hinteren Gosausee, wo man dem Dachstein schon ziemlich nahe ist. Zur Adamekhütte, die in schöner Lage unterhalb des Gosaugletschers steht, sind es aber immer noch gut vier Stunden. Weniger anstrengend ist hingegen die Wanderung zur Eben-Alm, von der aus man den besten Blick zum Gosaukamm hat, der die beiden Seen südseitig flankiert. Fast fühlt man sich in die Dolomiten versetzt, so vielschichtig sind die Felstürme und Pfeiler dieses Zackengrats.

Gemütlicher ist die Fahrt mit der Seilbahn hinauf zur Zwieselalm. Direkt am Gosaukamm vor den steilen Wänden des Donnerkogels finden sich saftige Wiesen, auf denen Kühe weiden. Breit angelegte, auch für Kinder gut geeignete Wege laden zum Schlendern ein. Auf der Gablonzer-Hütte oder auf einer der Almen kann man sich bei Kaffe und Kuchen stärken, den Dachstein dabei immer bestens im Blick.

BAD GOISERN

Ähnlich wie Gosau ist auch der Ort Bad Goisern in die Länge gezogen und erstreckt sich vom Nordufer des Hallstättersees rund 6 Kilometer entlang der Traun Richtung Lauffen und Bad Ischl. Ein ausgeprägter Ortskern fehlt, aber dennoch sollte man sich etwas Zeit nehmen, die verschiedenen Ortsteile von Untersee bis Lasern zu erkunden. Kaum woanders sieht man so viele alte und reich mit Blumen geschmückte Häuser wie hier. Dazu kommt eine für die Größe dieses Ortes beachtenswerte Anzahl kleiner Museen.

Da wäre zum Beispiel das Holzknecht-Museum, in dem man auch etwas über die Geschichte des Ortes erfährt. Ursprünglich war Goisern nämlich als reine Holzarbeiter-

INNERES SALZKAMMERGUT

siedlung entstanden, die aus dem hier reichen Waldvorkommen das Holz für die Sudpfannen in Hallstatt lieferte. In einer original erhaltenen Holzknechtstube kann man sich das damals mühevolle und entbehrungsreiche Leben der Holzfäller gut vorstellen. Ein anderes Museum - das Heimat- und Landlermuseum - verweist auf das in Goisern bis heute gelebte Brauchtum und auf das traditionelle Handwerk. Wer hat nicht schon einmal von den nach ihrem Herkunftsort benannten „Goiserern" gehört, jenem zwiegenähten Lederschuhwerk, das schon der Kaiser so sehr schätzte. Für manche, die sich ein wenig mit diesem Handwerk auskennen, gilt Goisern als die Schuhmacherstadt.

„Goiserer" sind aber nicht das Einzige, was in Goisern produziert wird. Im neuen HandWerkHaus kann man sich einen hervorragenden Überblick über die Vielfalt traditioneller Handwerkskunst machen. Da sieht man neben den berühmten Schuhen auch Dirndlkleider, Hüte, Brillen und noch vieles mehr. Auf einer großen Ausstellungsfläche werden die Meisterstücke verschiedener Betriebe stilvoll präsentiert. Auch eine handgenähte Lederhose oder gar einen echten Gamsbart kann man erstehen, wenngleich man dafür schon einmal etwas tiefer in die Geldbörse greifen muss.

Ein hervorragendes Bild über Lederhosen, Dirndl und Gamsbärte kann man sich aber auch bei den Gamsjagatagen machen. Dieses in Goisern stattfindende Brauchtums-Fest ist das größte und sehenswerteste im ganzen Salzkammergut. Jährlich kommt es hier Ende August zum großen Trachtenumzug und zur Handwerksausstellung, zum Wadl-Wettbewerb, zur Brunftschrei-Olympiade, Vogelzwitscher-EM und zur Wahl des Mr. Gamsbart. Einer der Höhepunkte ist die Gamstrophy, ein originelles Waffenradrennen in Tracht. Drei Tage lang wird in den Bierzelten mit Herzenslust „g`sungen und g`spielt".

Wie wehrhaft die Goiserer dabei sein können, wenn es um ihr geliebtes Brauchtum geht, beweist die Sache mit dem Vogelfang. Seit jeher fängt man in Goisern Singvögel, wie Gimpel, Kreuzschnabel oder Zeisig, prämiert diese auf einer Ausstellung und lässt sie im Frühjahr wieder frei. Dieser Brauch ist seit Jahrhunderten tradiert und man denkt nicht daran, ihn aufzugeben, dazu legt man sich in der Not nicht nur mit den heimischen Politikern sondern auch schon mal mit der EU an.

Ein anderer guter Werbeträger für den Ort ist der durch seinen Künstlernamen bekannte Weltmusiker Hubert von Goisern, dem es in seiner Musik nicht um Klischees, sondern um Authentizität geht.

Das Wort „Bad" gesellte sich zu Goisern übrigens erst 1955, obwohl man schon 1880 bei Probebohrungen nach Salz eine heilkräftige Jod-Schwefelquelle entdeckt hatte.

DER PREDIGSTUHL, DIE HÜTTENECKALM UND DER SARSTEIN

Der Hausberg von Bad Goisern ist der Predigstuhl. Der Goiserer Höhenweg hinauf zu diesem Aussichtsberg ist einer der schönsten im Salzkammergut. Eine Besonderheit dabei ist der Wegverlauf durch die Ewige Wand, ein senkrechtes Felsband, das sich schräg aufwärts durch den Berg zieht. Die Steiganlage ist spektakulär und romantisch zugleich, mit einem eisernen Geländer gut versichert und daher gefahrlos begehbar. Wie aus einer Loge mit Panoramafenster blickt man in die Landschaft und fühlt sich dabei fast ein wenig wie ein Kaiser.

Zwischen zwei Bootshäusern hindurch fällt der Blick auf einen einsamen Schwan, der im Ortsteil Untersee der Gemeinde Bad Goisern seine Runden dreht. Im Hintergrund erhebt sich der Krippenstein über den Hallstättersee.

Wer den Höhenweg zu Ende geht, kommt zum Radsteig, der über einige gesicherte aber unschwierige Passagen direkt zum Gipfel führt. Trotz der bescheidenen Höhe von knapp 1300m ergibt sich ein herrlicher Blick ins Innere Salzkammergut. Zwischen Sarstein und Schneidkogel schimmert das tiefe Blau des Hallstättersees herauf und dahinter - über allem erhaben - glänzt der Dachstein im makellosen Weiß seiner Gletscher. Als ebenso wunderbare Aussichtsloge liegt in unmittelbarer Nachbarschaft des Predigstuhls die Hütteneck-Alm. Früher ließen sich nicht bergtaugliche, aber vermögende Sommerfrischler sogar von Sesselträgern hinauftragen, um in den Genuss dieser auf einem Wiesenkamm gelegenen Alm zu kommen. Das nachgebaute Sisi-Salettl erinnert noch heute an die Kaiserin Elisabeth und steht genau dort, wo das Original schon 1880 gestanden hat. Die Alm ist bewirtschaftet und man genießt den Ausblick am besten von der Sonnenterrasse bei einem Kaiserschmarrn.

Gibt es angesichts dieser beiden Wander-Highlights noch eine Steigerung? Ja, die gibt es! Dazu sollte man aber doch etwas alpine Erfahrung und auch die Jause selbst mitbringen. Die Rede ist vom Sarstein, jenem hohen und breiten Bergriegel, der sich zwischen Hallstättersee und Ausseerland geschoben hat. Vom Gipfel aus fast 2000 Metern Höhe ergibt sich ein unvergleichlicher Dachsteinblick. Fast schon auf Augenhöhe liegt einem zum Greifen nahe das gesamte Massiv direkt gegenüber. Wendet man sich auf die andere Seite, schaut man ins Ausseerland, erblickt den Grimming, die Südabstürze des Toten Gebirges, den Loser und die Trisselwand über dem Altausseer-See.

Empfehlenswert wäre die schöne aber lange Überschreitung des Sarsteins von der Pötschenhöhe bis hinunter nach Obertraun.

INNERES SALZKAMMERGUT

HALLSTÄTTERSEE - OSTUFERWEG

Die wohl schönste Art, sich Hallstatt anzunähern, führt über den ursprünglichen Ostuferweg. Der Hallstättersee mit den steilen Bergen ringsum erweist sich von hier aus als grandiose Fjordlandschaft. Ein Schiff - rechts unten im Bild - bringt einen von der Bahnstation hinüber zum Ort.

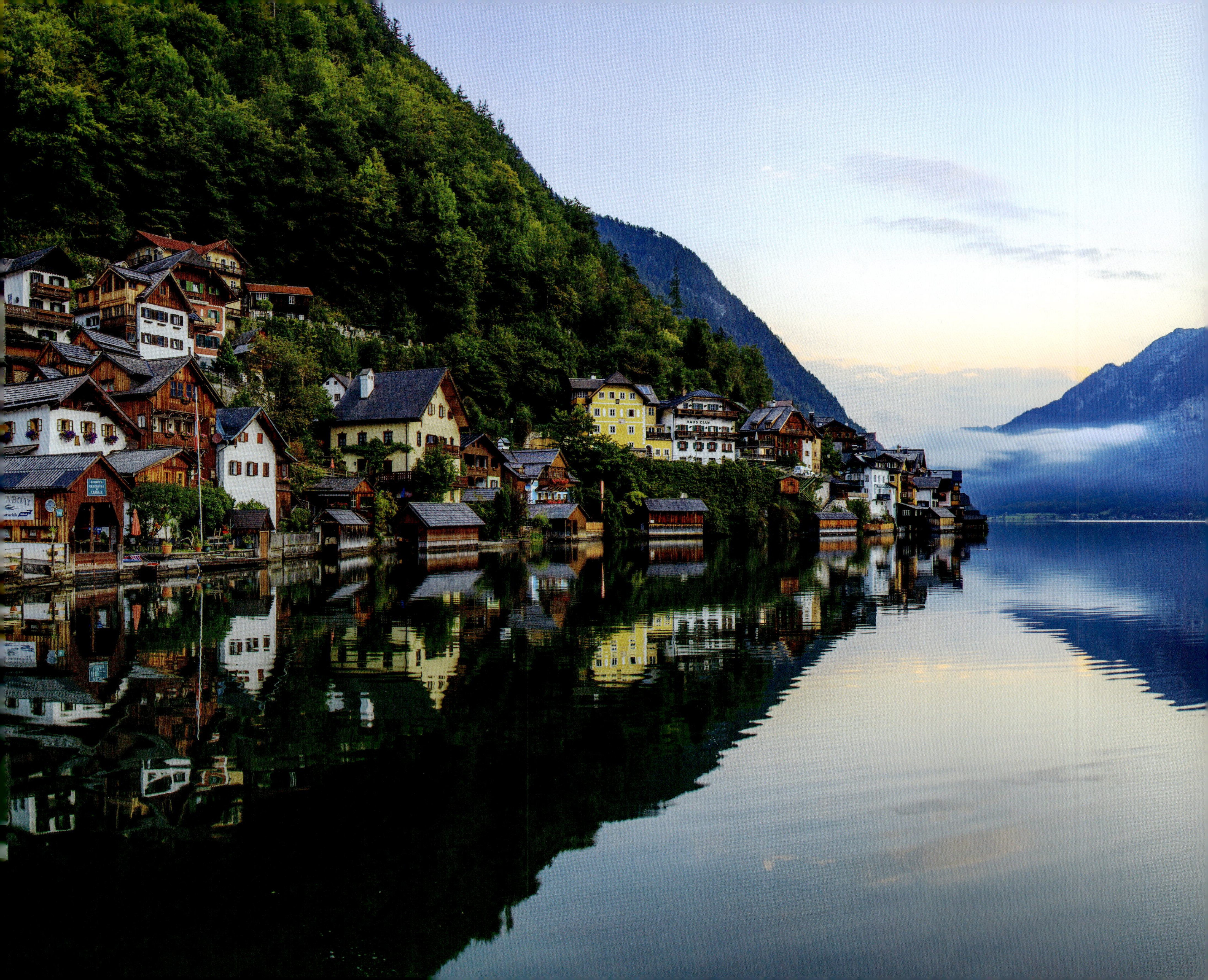
HAUS CIAN

HALLSTATT

Im spiegelglatten Wasser verdoppelt sich Hallstatt im See.
Noch vor Sonnenaufgang bringt ein Schiff vom Bahnhof
herüber die ersten Fahrgäste heran.

INNERES SALZKAMMERGUT

HALLSTATT

Einen wunderbaren Blick über Hallstatt und den See hat man von der Friedhofsmauer der katholischen Kirche aus. Während der Ort noch im Schatten liegt, baden sich die Berge im Hintergrund bereits im Licht der aufgehenden Sonne.

INNERES SALZKAMMERGUT

Einzig der Marktplatz mit einigen Bänken und der Dreifaltigkeitssäule gibt den Häusern in Hallstatt etwas Raum. Am Morgen ist es noch ruhig, bevor die vielen Tagesgäste den Platz bevölkern werden.

HALLSTATT

Die aus Platzmangel in den steilen Hang gebauten Häuser verleihen Hallstatt ein im Salzkammergut einzigartiges Erscheinungsbild.

INNERES SALZKAMMERGUT

HALLSTATT

Blick auf Hallstatt von der Schiffsanlegestelle beim Ortsteil Lahn. In einem Bogen verdichten sich von hier aus die denkmalgeschützten Häuser zu einem Bilderbuchdorf, das auf keiner Rundreise durch Österreich fehlen darf.

INNERES SALZKAMMERGUT

HALLSTATT - SALZBERG

Hoch über dem Dorf Hallstatt befindet sich jene Stätte, in der vor rund 7000 Jahren alles begonnen hat. Eine Brücke führt den Besucher von der Bergstation hinüber zum historischen Rudolfsturm. Dahinter liegen das Gräberfeld und der Salzberg.

INNERES SALZKAMMERGUT

HALLSTATT - SALZBERG

Die 2013 errichtete Besucherplattform am Rudolfsturm gewährt einen einzigartigen Tiefblick auf das Weltkulturerbe. Aus der Vogelperspektive wirkt Hallstatt wie ein Spielzeugdorf und der Hallstättersee wie eine riesige, sich zwischen die Berge schiebende Zunge.

INNERES SALZKAMMERGUT

ECHERNTAL

Leicht ins Träumen kommt man auf einer Wanderung ins Echerntal. Der unter dem Dachsteinplateau als Karstquelle hervortretende Waldbach stürzt und windet sich zwischen Riesenwänden dem Hallstättersee entgegen. Die leicht begehbaren Wege führen auch an eiszeitlichen Gletschermühlen vorbei.

INNERES SALZKAMMERGUT

KRIPPENSTEIN - DACHSTEIN

Die aufgehende Sonne taucht das Dachsteinmassiv in ein rötliches Licht. Vom Krippenstein aus überblickt man das gesamte Plateau bis hin zu den mit Gletschern überzogenen Gipfeln. Im Vordergrund steht die noch im Schatten liegende Heilbronner Kapelle.

INNERES SALZKAMMERGUT

Familientauglich ist der auf breiten Wegen angelegte Karstlehrpfad, der von der Bergstation Krippenstein zum Heilbronner Kreuz und zur Gjaidalm führt. Auf ihm kommt man mit der interessanten Geologie des Dachsteins auf Tuchfühlung. Wer aufmerksam ist, kann im Kalkgestein uralte Meeresbewohner entdecken.

KRIPPENSTEIN - DACHSTEIN

In der weiten Steinwüste finden sich einige Karstseen, die auf einer Wanderung im Hochsommer für eine erfrischende Abkühlung sorgen.

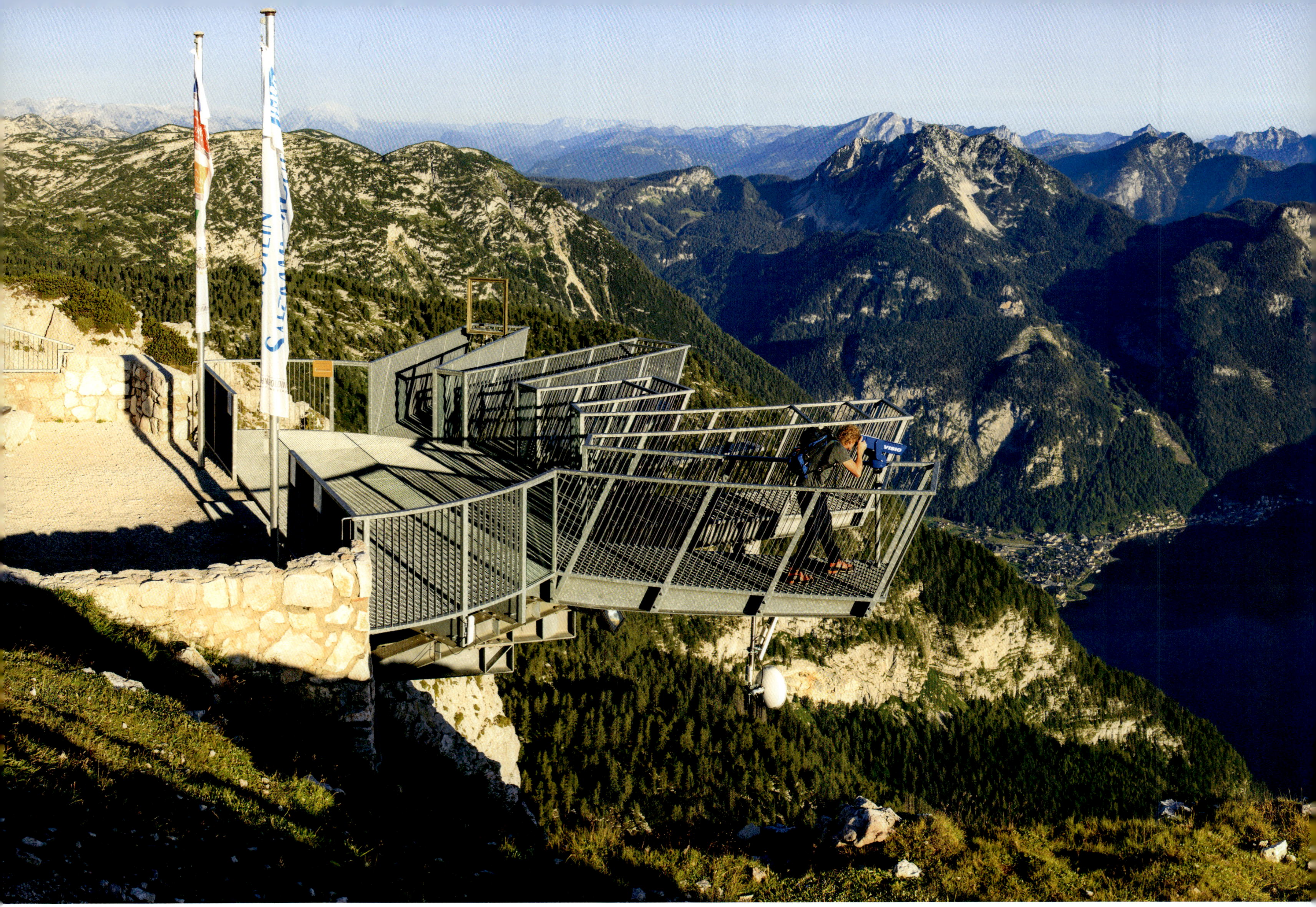

Eine besondere Attraktion auf dem Krippenstein sind die „Fünf Finger", eine über einen Abgrund gebaute Stahlkonstruktion, die einen atemberaubenden Tiefblick auf den Hallstättersee gewährt.

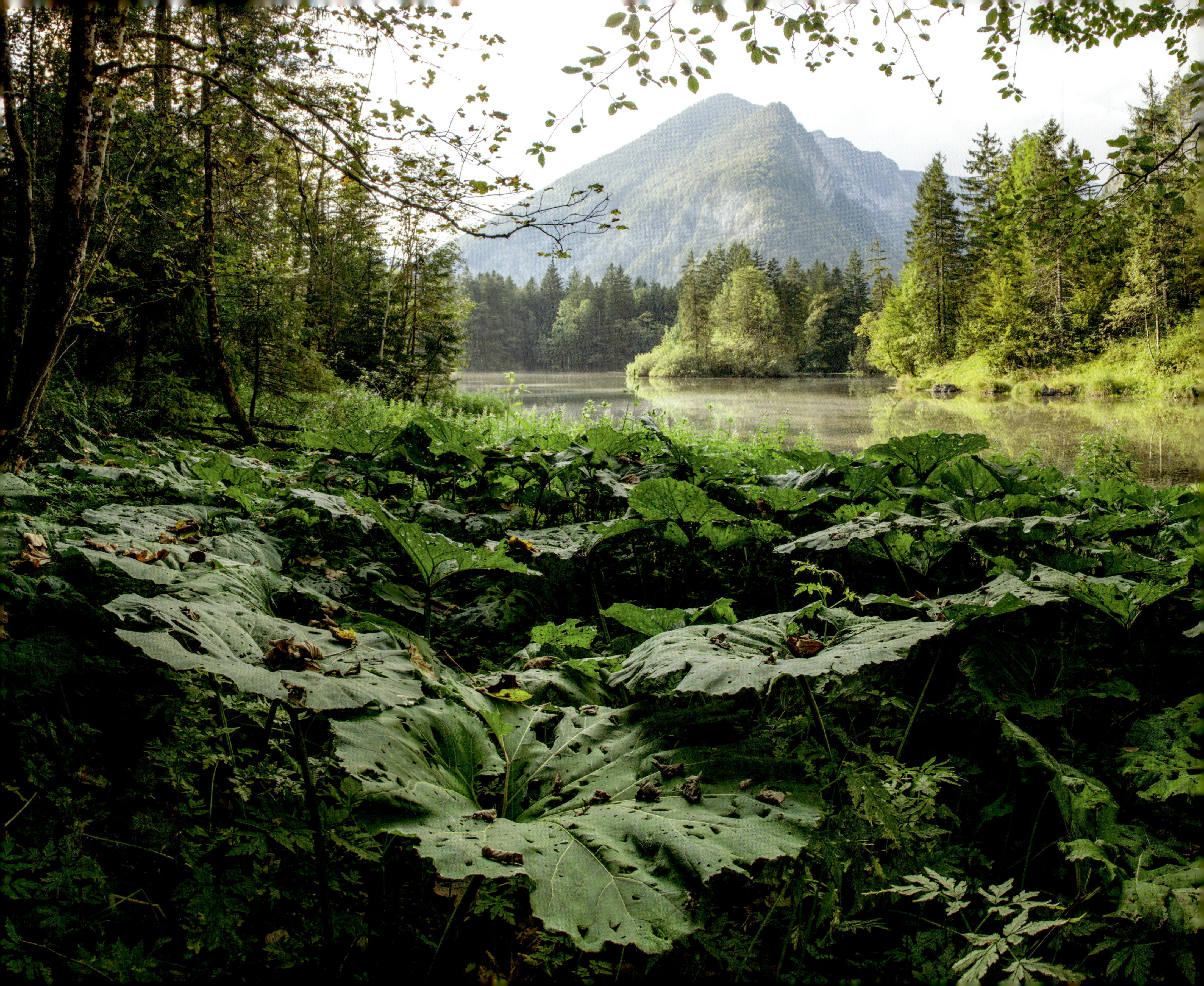

OBERTRAUN - KOPPENWINKELLACKE

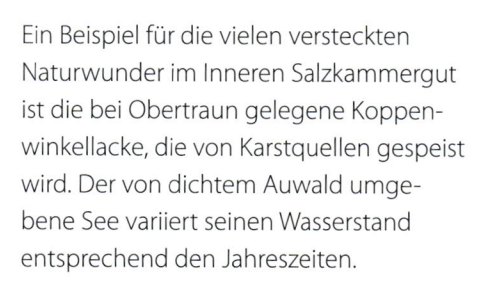

Ein Beispiel für die vielen versteckten Naturwunder im Inneren Salzkammergut ist die bei Obertraun gelegene Koppenwinkellacke, die von Karstquellen gespeist wird. Der von dichtem Auwald umgebene See variiert seinen Wasserstand entsprechend den Jahreszeiten.

INNERES SALZKAMMERGUT

GOSAU

Einst gehörte das Gosautal zu den entlegensten Gebieten in den Alpen, heute ist es eine beliebte Tourismusgemeinde. Das weitläufige Dorfbild prägen zwei Kirchen, eine katholische und eine evangelische, dazwischen verstreut stehen noch viele traditionelle Häuser und Höfe.

INNERES SALZKAMMERGUT

GOSAU - LÖCKERMOOS

Hoch über dem Gosautal liegt das Löckermoos, ein Latschenhochmoor mit einem kleinen See. Holzstege führen den Wanderer über den sumpfigen Boden. Wer früh aufsteht, erlebt bei Sonnenaufgang das unvergessliche Leuchten des Gosaukamms, der sich im dunklen Wasser des Moorsees verdoppelt.

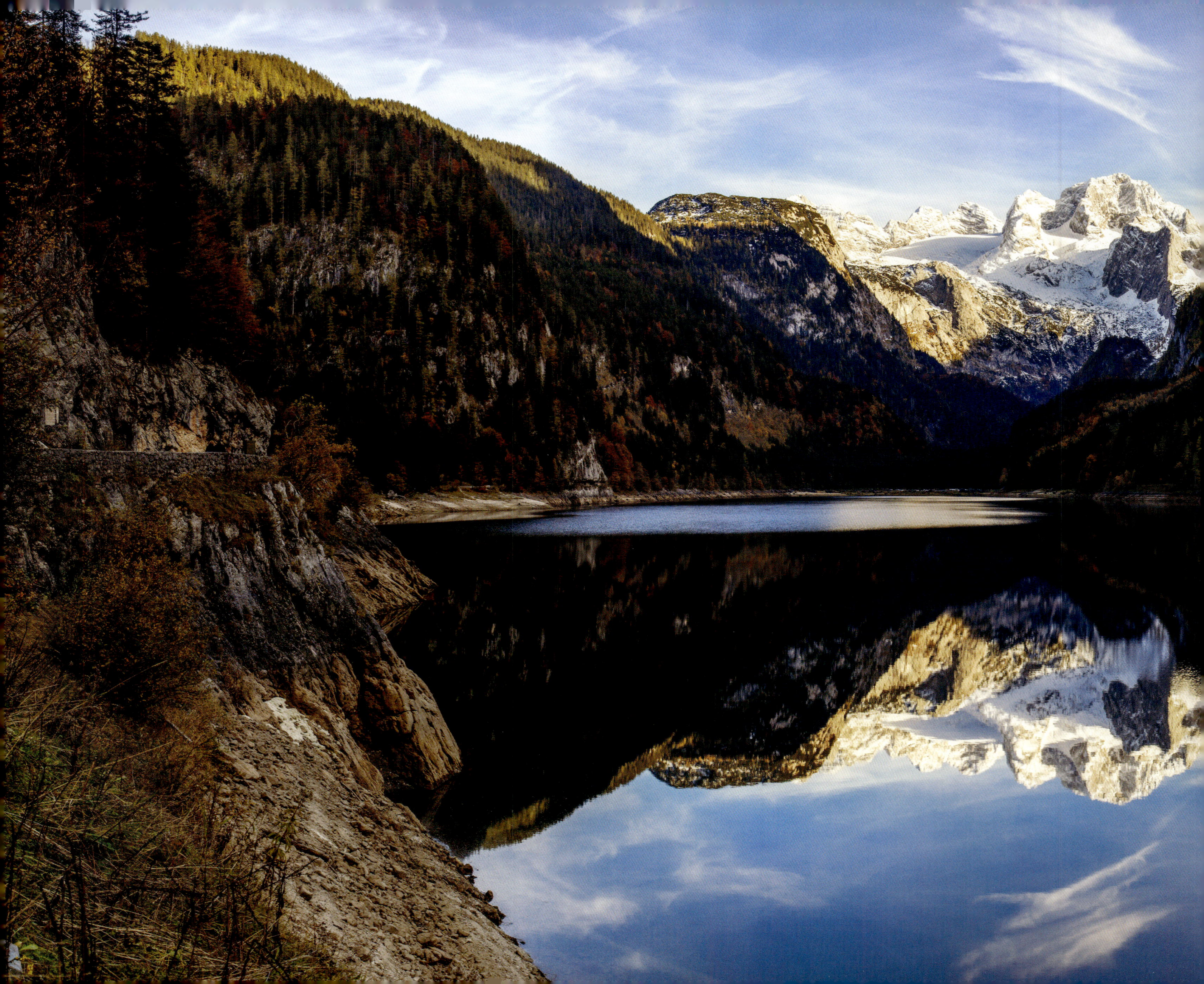

VORDERER GOSAUSEE

„Die Augen Gottes" nannte der Naturforscher Alexander von Humboldt die beiden Gosauseen. Nicht umsonst wurde die perfekte Spiegelung des Dachsteins im Vorderen Gosausee zum beliebtesten Postkartenmotiv im Inneren Salzkammergut.

Populär sind auch im Salzkammergut die Klettersteige. Einer davon führt direkt über dem Wasser des Vorderen Gosausees entlang.

In vielen Grünschattierungen glänzt der Vordere Gosausee im Sonnenlicht. Ein alter verwitterter Baumstumpf, der aus dem Wasser ragt, verleiht der Szenerie etwas Geheimnisvolles.

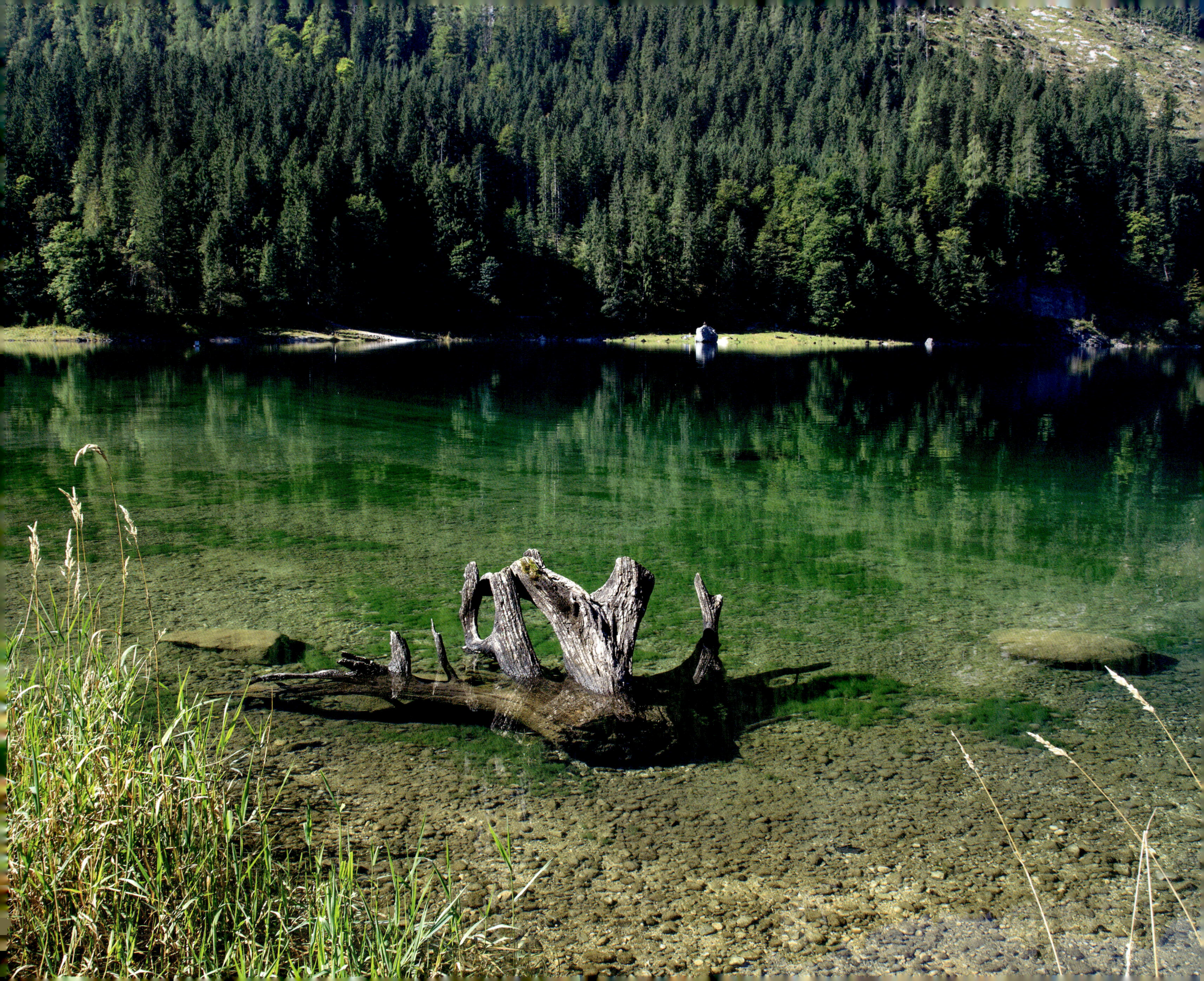

INNERES SALZKAMMERGUT

HINTERER GOSAUSEE

Eine überaus lohnende Wanderung ist jene vom Vorderen zum Hinteren Gosausee. Die Hintere Seealm - rechts im Bild - ist im Sommer bewirtschaftet und eignet sich hervorragend für eine Einkehr.

INNERES SALZKAMMERGUT

GOSAU - ZWIESELALM

Ein beliebtes Wanderziel ist die an der Nordseite des Gosaukamms gelegene Zwieselalm. Die breiten Wege über die saftigen Almböden sind über eine Seilbahn vom Vorderen Gosausee aus leicht zu erreichen. Der Alm gegenüber prägt die Westseite des Dachsteins das Bild.

INNERES SALZKAMMERGUT

Bad Goisern steht für Brauchtum und traditionelles Handwerk. Jährlich finden hier im August die weitum bekannten Gamsjagatage statt, ein im Salzkammergut einzigartiges Brauchtumsfest. Im neu errichteten Handwerkhaus kann man Produkte verschiedener Meisterbetriebe erwerben und auch einmal einen echten Goiserer (zwiegenähter Schuh) probieren.

BAD GOISERN

Für einen Spaziergang durch die vielen Ortsteile von Bad Goisern sollte man sich Zeit nehmen. Zu bestaunen gibt es viele schmucke Häuser und einige interessante Museen, wie hier im Bild das Heimat- und Landlermuseum.

INNERES SALZKAMMERGUT

Der Hausberg der Goiserer ist der Predigstuhl, von dessen Gipfel aus man fast das gesamte Innere Salzkammergut überblickt.

BAD GOISERN - PREDIGSTUHL

Einzigartig ist der Wegverlauf durch die Ewige Wand, einem senkrechten Felsband am Predigstuhl. Teilweise wurde der Weg aus dem Fels herausgesprengt und mit einem Geländer gesichert.

INNERES SALZKAMMERGUT

BAD GOISERN - HÜTTENECKALM

Eine gemütliche Wanderung führt vom Parkplatz am Predigstuhl zur Hütteneckalm. Schon die Kaiserin Sisi und den bekannten Maler Ferdinand Georg Waldmüller zog es einst zu diesem romantischen Ort. In der Ferne glänzen die Gletscher des Dachsteins.

INNERES SALZKAMMERGUT

SARSTEIN - DACHSTEINBLICK

Den vielleicht besten Blick auf den Dachstein genießt man vom Gipfel des Sarsteins aus. Tief unten lugt Hallstatt hervor und man sieht, wie gewaltig sich das gesamte Massiv über dem Hallstättersee erhebt. Die Mühen, die dieser alpine Anstieg mit sich bringt, werden daher überaus belohnt.

BAD ISCHL UND SEINE UMGEBUNG

LAUFFEN - KATRIN - JAINZEN - LEONSBERG - HOHE SCHROTT

Ebensee
(443)
Roith
Bhf.
Plankenau
Langwies
Finkerleiten
Hst. Steinkogel
Lahnstein
Saline
Krw.
Ascherstube
Offenseebach
Hst.
Dielleiten
Gimbach
145
Traun
Bhf. Langwies
1240
Bromberstüberl
Brombergalm
1430
Petergupf
1646
Bergwerkkg.
1689
Niedere Mitterreckeralm
761
Hochkogel
1591
Grünberg
1874
Hohe Schrott
1784
Hochglegt
1839
Ebenseer Hochkogel Hütte
(1558)
Mitteralm
1432
Hinteralm
(1370)
2093
Schönb
Ischler Hütte
(1368)
Schwarzenberg Alm
(636) Rettenbachalm
Rettenbach
Gr. Höllkogel
1862
Helmeskogel
Haselwaldstube
Brunnkogel
1508
Weißenbach
am Attersee
Schobersten
1037
Saglstube
Ellend
Schst.
152
Mühlleiten
Wiesenböck
Camping
Burgau
Unterburgau
Burgbachau
Burggrabenklamm
Ober-ackeralm
Unterackeralm
Lasseralm
Äußerer Weißenbach
Jh. Aufzug
Zwieselbachalm
153
553
Weißenbacher Sattel
Umkehrstube
Klamm
Mitterweißenbach
Fachbergalm
Meisterebenalm
1412
Breitenberg
Moosalm
Mittersee
Mönichsee
Ht.-Haleswiesalm
Haleswiessee
Vd.-Haleswiesalm
Leonsbergalm
(1371)
Moosalm
Grafenalm
Radauschalm
Bacheralm
Pichleralm
Vormauer Alm
Schwarzensee
Rußbach
St. Wolfgang
Salzkammergut
Dentreitalm
Kalvarienberg
Kösselfall
Krw.
Gartenzinken
1557
Aschau
Au
Graben
Rußbach
Radau
Schwarzenbach
Bürgl
745
Bürglstein
Marienhof
Schst.
Strobl
(542)
Ischl
Weinbach
Aigen
Windhag
Wirling
158
Sueß
Haiden
Kreutern
Jainzen
Roith
Kößlbach
Traun
Brandenberg
Rettenbach
Bad Ischl
(469)
Hinterstein
Hohenaualm
Ischl
Ahorn
Lindau
Bhf.
Weißenbach
Haberg
Ramsau
604
Nussensee
Kaltenbach
Siriuskg.
599
Bhf.
Sulzbach
Reiterndorf
Ghf. Kreefeld
Ruine Wildenstein
Sparber
1502
Weißenbach
Mautstraße
Katrinseilbahn
Eck
Hoisenrad
(969)
Perneck
(588)
Gschwendtalm
Sonntagkaralm
Hainzen
1638
Katrinalm
(1413)
Engleithen
Schloss
Salzberg
145
Erbstollen
Höherstein
1388
Bergwerkskogel
1781
Simonhütte
Rinnkogel
1823
Hst.
Lauffen
Reinfalzalm
Blaa Alm
(894)
Bräuningzinken
1899
Bräuning Alm
(1607)
Loserfenster
Hochanger
1838
Augstsee
Sandlingalm
Weißenbach
Anzenau
Predigstuhl
1278
Rosmoosalm
Hütteneckalm
(1240)
Sandling
1717
Ramsau
Loser
1837
Stummernalm
Bhf. Goisern
Ewige Wand
Wildpfad
Posern
Kröß
Chorinskyklause
Brunntalalm
Berghotel Predigstuhl
(973)
Lambacher Htt.
(1432)
Steinberg
Loser Hütte
(1498)
Ostersee
Seewiese
Retteneggütte
Jochbauer
Primesberg
Wurmstein
Panorama nova
Lasern
Unterjoch
Riedln
Rehkogl
Pichlern
Posern
Fischerndorf
1754
Trisselwan
Altaussee
Reith
(719)
Altausseer See
Bhf.
Bad Goisern
(502)
Herndl
Halleralm
(830)
Waldgraben
Oberlupitsch
Mitteregg
Ruine Pfindsberg
Puchen
Lichtersberg
Arzleiten
Braunedlkogel
1894
Sonnwendkogel
1638
Gamsfeld
Ramsau
Edt
St. Agatha
Pötschen
993
145
Unterlupitsch
Tressenstein
1201
Sattel
Untertressen
Praunfalk
Wald
Obertressen
Ischlkogel
977
Reitern
Ischlberg
Moserr
Sommersbergersee
Pötschenpaß
Goiser Hütte
(1592)
Reitern
Sarnstein
0 1 2 3 km
arbeitsgemeinschaft kartographie
Hoch Kalmberg
1833
Bhf
Au
Untersee
Steeg
Traunwandalm
1666 Rußberg
Zwölferkogel
1634
Krw.
Schst.
Löckerkogel
Obersee
Sarsteinalm
Hoher Sarstein
Bad Aussee
(659)
Teichschloss
Reith
Eselbach

BAD ISCHL - DIE KAISERSTADT

Die Stadt Bad Ischl ist ohne jeden Zweifel das Zentrum des Salzkammerguts, nicht nur in kultureller sondern auch in geografischer Hinsicht. Ein Blick auf eine Karte macht deutlich: Von hier ziehen die Täler, Straßen und Wege sternförmig in alle Richtungen. Der Stadtkern selbst wird dabei großzügig von zwei Flüssen eingerahmt, die sich hier treffen: von der Traun, die vom Hallstättersee heranfließt, und der Ischl, die vom Wolfgangsee herüberkommt. Dazu reihen sich im Kreis herum waldreiche Hausberge wie die Katrin, der Jainzen oder die Hohe Schrott.

Bad Ischl war im 19. Jahrhundert der Inbegriff für Sommerfrische, war mondäner Treffpunkt des Adels und vieler Künstler und es war die geliebte Stadt von Kaiser Franz Joseph, der sich hier mit der Wittelsbacherin Elisabeth verlobte und der fortan jeden seiner Sommer hier verbrachte.

Was ist aus Bad Ischl seit jener Zeit geworden? Natürlich hat sich einiges verändert - vor allem an der Verkehrssituation - aber trotzdem hat die Kaiserstadt den Wandel gut überstanden und sich viel vom ursprünglichen Aussehen bewahrt. An unzähligen Ecken spürt man noch das einstige Flair. Zum anderen bemüht sich gewiss auch die Tourismusindustrie, den Kaiser und die Kaiserin weiter am Leben zu erhalten.

Begeben wir uns auf einen Stadtrundgang und stöbern wir dabei ein wenig in der Geschichte. Wo sollten wir damit beginnen? Vielleicht dort, wo der Aufschwung Ischls begonnen hat, oder, besser gesagt, bei dem, der ihm dazu verholfen hat: bei einem Mann namens Dr. Franz Wirer, dessen monumentales Denkmal unter schattigen Bäumen im Kurpark steht. Ihm hat die Stadt viel zu verdanken, denn vor seiner Zeit war Ischl nur ein entlegenes und schlichtes Salinendorf, in dem man zwar seit 1563 ein Salzbergwerk betrieben hatte, mit der Ausbeute aber immer weit hinter Hallstatt zurück geblieben war.

Erst nach Napoleon, als einigermaßen wieder Ruhe im Kaiserreich eingekehrt war, sollten sich auch die Zeiten für Ischl ändern. Zunächst war es der Arzt Josef Götz, der an erkrankten Salinenarbeitern die Wirkung von Sole ausprobierte und sie bald erfolgreich gegen Rheumatismus und Hauterkrankungen anwandte. Das sprach sich schnell herum und so reiste 1821 der angesehene Wiener Medizinprofessor Dr. Franz Wirer zu seinem Kollegen und erkannte die Bedeutung des neuen Heilverfahrens. Nur ein Jahr später brachte Wirer die ersten Kurgäste nach Ischl und die Erfolge der Sole-Behandlungen zogen wie ein Magnet auch schnell die damalige Prominenz an. Nicht zuletzt kam 1830 die bis dahin kinderlose Erzherzogin Sophie mit ihrem Mann Franz Karl nach Ischl, um im neu errichteten Kurhaus die vielversprechenden Sole-Anwendungen in Anspruch zu nehmen. Tatsächlich wirkte die Bäderkur Wunder und Sophie gebar in den folgenden Jahren drei Söhne, die als die Salzprinzen in die Geschichte eingehen sollten. Franz Joseph, der Erstgeborene, wurde nur 19 Jahre später der neue Kaiser und blieb Ischl für immer treu.

Der gepflegte Kurpark mit dem Wirer-Denkmal hat noch immer viel nostalgische Atmosphäre. Das einstige Kurhaus dahinter wurde hervorragend saniert und fungiert

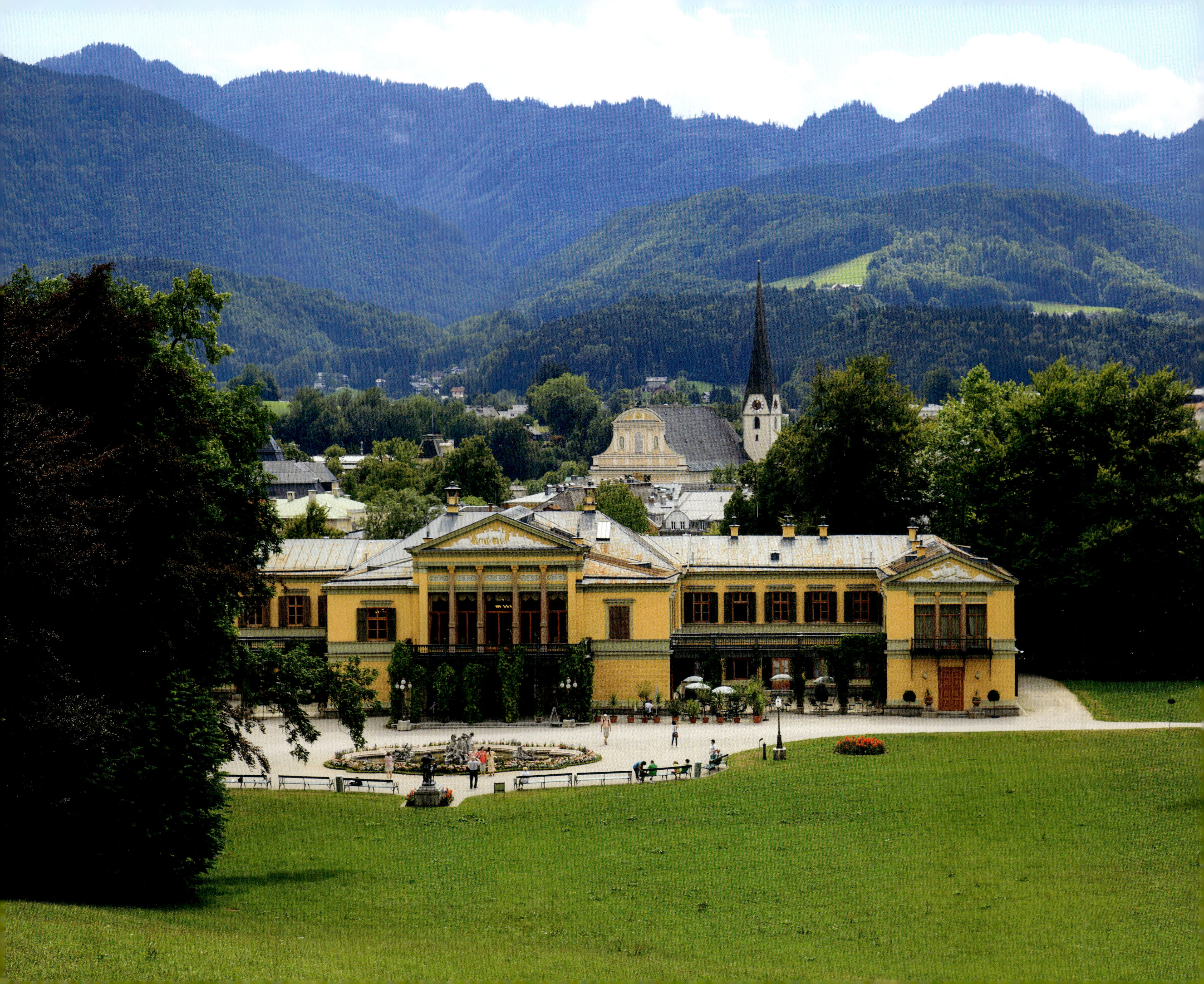

BAD ISCHL UND SEINE UMGEBUNG

Die Kaiservilla im sommerlichen Park. Jeden Sommer kam der Kaiser hierher und verwandelte Bad Ischl zur „geheimen Hauptstadt" der Donaumonarchie.

heute als elegantes Kongress- und Theaterhaus, in dem Konzerte und im Sommer die Operettenfestspiele abgehalten werden. Vor dem Park halten auch die Pferdekutschen und ein Bummelzug, die zu einer Stadtrundfahrt einladen.

Folgt man vom Kurpark der Wirerstrasse nach Süden, kommt man direkt an die Esplanade. Dieser breite, an der Traun entlang angelegte Prominier-Weg entschädigt ein wenig dafür, dass Ischl an keinem See liegt. Schon hier kann man an einer Filiale des berühmten Cafes Zauner in den Genuss süßer Gaumenfreuden kommen. Wenn dazu auch noch die Sonne scheint, schmecken die Torten im gediegenen Gastgarten gleich noch einmal so gut.

An der Esplanade befindet sich auch das Stadtmuseum, in dem man sich über Volkskunde und die Geschichte des Salzkammerguts informieren kann. Außerdem hat das Gebäude - als ehemaliges Hotel Austria - selbst einen historischen Bezug, da es heißt, dass sich Kaiser Franz hier mit Elisabeth verlobte.

Unweit der Esplanade auf der anderen Seite der Traun steht ein anderes altehrwürdiges Haus: die Lehar-Villa. Der große Meister der Operette hatte hier von 1912 bis zu seinem Tod 1948 gelebt. Die Räume, in denen er wohnte und komponierte, sind alle noch im Originalzustand erhalten und können besichtigt werden.

Zurück über die Elisabethbrücke und weiter stadteinwärts gelangt man durch die belebte Fußgängerzone zur historisch bedeutenden Trinkhalle. Um dem zunehmenden Ansturm der Kurgäste gerecht zu werden, wurde sie 1831 als Wirer-Bad errichtet. In seiner Form erinnert der Bau ein wenig an einen griechischen Tempel. Er dient heute als „Haus des Gastes". In der großen Wandelhalle, wo früher die Kurgäste lustvoll ihre Trinkkuren absolvierten, befindet sich jetzt ein Informationszentrum und es werden Veranstaltungen abgehalten.

Was wäre ein Besuch Bad Ischls ohne eine Einkehr beim Zauner. Die berühmteste Konditorei im Salzkammergut erfreute bereits in den 30-er Jahren des 19. Jahrhunderts die ersten Kurgäste. Auch Sisi wusste die vielen Köstlichkeiten, wie den legendären Zaunerstollen, zu schätzen.

Hinter der Trinkhalle steht das ebenfalls aus alten Zeiten grüßende Postamt und - ein wenig versetzt dazu - befindet sich die Stadtpfarrkirche. Unverändert glänzt in ihr noch die Orgel von Anton Bruckner.

Spätestens nach diesem Besichtigungsreigen sollte man aber auf die obligatorische Einkehr beim Zauner nicht vergessen. Dieses bekannteste Cafe des Salzkammerguts ist fast ebenso alt wie der Kurbetrieb, denn natürlich brauchte man schon damals für die richtige Genesung auch eine richtige Konditorei. So kam der Wiener Zuckerbäcker Johann Zauner nach Ischl, um hier in der Pfarrgasse 1832 seinen Betrieb aufzunehmen. Bis heute ist der Zulauf zu diesem Lokal ungebrochen und der Familienbetrieb für seine süßen Verführungen weithin bekannt. Beim Zauner ist quasi immer etwas los, zu jeder Tageszeit. Im entzückenden Jugendstilsalon kann man fast wie zu Kaisers Zeiten seinen Kaffee schlürfen und sich dazu ein herzhaftes Stück vom Zauner-Stollen vergönnen.

So gestärkt könnte man einen Spaziergang zum Siriuskogel unternehmen, einem der besten Aussichtsplätze über die Stadt. Am besten quert man dazu wieder die Elisabethbrücke Richtung Lehar-Villa, hält sich dann rechts und folgt den Wegweisern. Ein schattiger Waldweg führt in einigen Kehren hinauf zur Franz-Josephs-Warte, einem hölzernen Aussichtsturm, den man dem Kaiser 1885 zum Geburtstag geschenkt hat. Von hier hat man einen wunderbaren Überblick über die Lage der Stadt und ihre Umgebung.

In einiger Entfernung erspäht man von hier auch die Kaiservilla, eingebettet in einen weitläufigen Park. Ihre Besichtigung ist ein Muss, aber man sollte sich Zeit nehmen und einen zusätzlichen Tag einplanen. In dieser berühmten Som-

BAD ISCHL UND SEINE UMGEBUNG

merresidenz von Kaiser Franz Joseph ist alles noch so, wie es war, und es ist, als würde der Monarch noch immer persönlich aus- und eingehen. Die Mutter des Kaisers - Erzherzogin Sophie - machte dem jungen Brautpaar die Villa zum Hochzeitsgeschenk. Den Mittelteil ließ der Kaiser dann um zwei Seitenflügel erweitern, sodass sie im Grundriss zu Ehren seiner geliebten Elisabeth einem E gleicht. Wie man weiß, hielt die Liebe leider nicht lange. Im Gegensatz zum Kaiser verbrachte die Kaiserin nicht jeden Sommer in Ischl.

Seine" Sisi", wie er sie liebevoll nannte, konnte sich nur schwer in das höfische Leben integrieren, das strenge Reglement war ihr ein Gräuel. Das Schicksal wollte es, dass sie in ihrer Rolle nicht glücklich werden sollte, und so war sie ständig auf der Flucht.

An die Zeit, in der Sisi dann doch einmal in Ischl war, erinnert das Marmorschlössel, eine Cottage im Tudorstil, die man im Park für sie errichtet hatte. Dort konnte sie sich zurückziehen, Gäste zum Tee empfangen oder einfach nur ihre Bücher studieren. Sisi las viel und schrieb selbst Gedichte. Heute hat man in diesem, ihrem Refugium ein Fotomuseum eingerichtet.

Der Komponist Franz Lehar hat viele Jahre in Bad Ischl gelebt und 1912 an der Traun eine Villa erworben, die heute auch der Öffentlichkeit zugänglich ist.

BAD ISCHL UND SEINE UMGEBUNG

Der großzügig angelegte englische Park lädt zum Spazieren ein. Man könnte dabei jenem Weg ein Stück folgen, den auch der Kaiser frühmorgens oft gegangen ist. Es war nämlich ein offenes Geheimnis, dass er ein inniges Verhältnis mit der Burgschauspielerin Katharina Schratt pflegte. In der Nähe des Marmorschlössels gab es ein „kleines Türl", das direkt zur Schratt-Villa führte, in der er meist mit einem selbstgebackenen Gugelhupf empfangen wurde.

Katharina Schratt lernte der Kaiser in Wien kennen. Er sorgte dafür, dass sie in Ischl nicht nur einen Wohnsitz sondern auch ihre Auftritte im Theater bekam. So verlagerte sich jeden Sommer das gesellschaftliche Leben nach Bad Ischl und auf einmal waren es nicht mehr die Solebäder allein, sondern es war eine eigene mondäne Welt entstanden, die zusehends auch einfachere Leute zur Sommerfrische ins Salzkammergut lockte.

DIE HOHE JAGD, LAUFFEN UND ISCHLS HAUSBERGE

Bleiben wir noch kurz beim Kaiser und seiner großen Leidenschaft - der Jagd. Wann immer sich zwischen den vielen kaiserlichen Verpflichtungen eine Lücke bot, zog es ihn in die Wälder und Berge. Mit Hut und Gamsbart, Lederhose und Goisererrn an den Füßen war er sich selbst am nächsten.

Seine erste Gämse schoss er angeblich bereits im Alter von 14, seine letzte mit 84 Jahren, dazwischen noch einige tausend weitere, dazu noch etliche Hirsche, Wildschweine und sogar einen Bären. Seine Villa nannte er deswegen auch gerne „sein Jagdhaus" und Ischl mit seinen Revieren „den Himmel auf Erden".

An diese wahren Freudentage im Leben des Monarchen erinnert das Kaiser-Jagdstandbild an der alten Fahrstraße von Ischl nach Lauffen, an der auch der Soleleitungsweg entlang führt. Als es am 18. August 1910 zu seinem 80. Geburtstag enthüllt wurde, versammelten sich hier 6000 Waidmänner, die es ihm zum Geschenk gemacht hatten. Aber nicht genug damit. Es sollen auch noch 22.000 Jäger der Monarchie in Verbundenheit mit ihrem höchsten Jagdherrn zur Finanzierung des Denkmals ihre Geldbörsen erleichtert haben. Die schwere bronzene Statue, die der Wiener Bildhauer Georg Leisek anfertigte, zeigt den Kaiser mit Wanderstock, lässig posierend in seiner liebsten Adjustierung.

Folgt man vom Jagdstandbild dem Weg weiter nach Süden, kommt man nach Lauffen, einem kleinen, eher unscheinbaren Ort, der aber früher doch von Bedeutung war. Zur Zeit der Traunschiffer musste man hier mit den schwer beladenen Salzzillen eine gefürchtete Stromschnelle überwinden. Außerdem stand hier das beliebte Gasthaus mit dem Namen „Weißes Rößl", in das auch der Berliner Schriftsteller Oskar Blumenthal gern einkehrte und ihm ein gleichnamiges Lustspiel widmete. Berühmt wurde es freilich erst am Wolfgangsee, wo man das Stück schlau bewarb und ebenso einem Gasthaus den Namen „Weißes Rößl" gab. Während das Original in Lauffen längst abgerissen worden ist, erfreut sich das andere noch immer großer Beliebtheit. Südlich von Lauffen könnte man eine Wanderung in das waldreiche Weißenbachtal unternehmen oder doch lieber mit der Seilbahn hinauf auf die Katrin fahren. Der Ausblick von Ischls beliebtestem, 1540 Meter hohem Hausberg ist erstklassig, da er in geografisch günstiger Position in alle Täler schauen lässt. Immerhin sechs der Salzkammergut-Seen lassen sich vom Gipfel ausmachen. Wer es etwas sportlicher will, kann auch den großartig angelegten Klettersteig benützen und nachher auf der Katrinalm oder im Berggasthof einkehren.

Der Katrin gegenüber liegt im Norden Bad Ischls der Jainzen, ein weiterer aber viel kleinerer Hausberg. Aufgrund seiner Nähe zur Kaiservilla war es der Lieblingsberg von Sisi. Poetisch nannte sie ihn ihren „Zauberberg", an den sie sich jederzeit ungestört zurückziehen konnte. Zum Gipfel führt ein schattiger Weg, von dem sich ein besonders schöner Blick über die Stadt ergibt.

Wen die Wanderlust ganz gepackt hat, der sollte als Tagestouren von Ischl aus auch den Leonsberg oder die Hohe Schrott besteigen, an deren Abhängen der Kaiser einst seine besten Jagdreviere wusste. Der Leonsberg, der auch Zimnitz genannt wird, ist ein eher einsamer Berg, aber der Wegverlauf führt über eine aussichtsreiche Gratschneide; ebenso jener über die Hohe Schrott, deren schroffer Felskamm der Traun nach Ebensee folgt.

Das Kaiserjagdstandbild in der Nähe der Katrinseilbahn erinnert an des Kaisers große Leidenschaft.

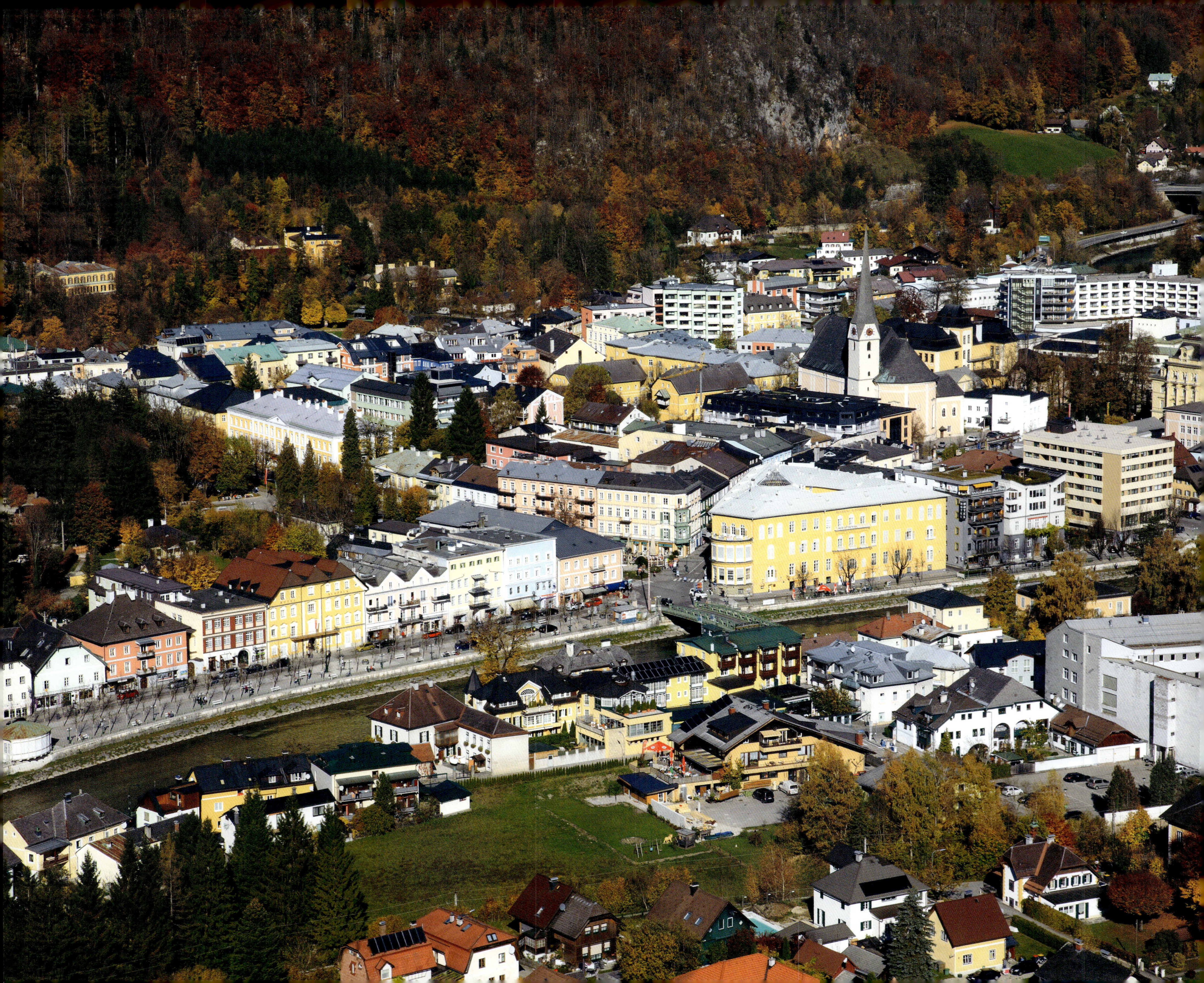

Bad Ischl liegt nicht an einem See, dafür aber am türkisgrünen Wasser der Traun. Die vielen Bänke entlang der Esplanade sowie eine Filiale der Konditorei Zauner laden zum Verweilen ein.

Vom Siriuskogel aus kann man sich einen guten Überblick über die Stadt verschaffen. Schön sieht man das Zentrum mit der Stadtpfarrkirche, die Esplanade entlang der Traun sowie die dahinter in einem Park gelegene Kaiservilla.

BAD ISCHL UND SEINE UMGEBUNG

BAD ISCHL

Im ehemaligen Kurhaus, das 1999 umfangreich saniert wurde, befindet sich heute das moderne Kongress- und Theaterhaus. Als kulturelles Zentrum im Salzkammergut hat sich Bad Ischl vor allem als Operettenfestspielstadt einen Namen gemacht. Jährlich findet hier das international gewürdigte Lehar Festival statt.

BAD ISCHL UND SEINE UMGEBUNG

Im Kurpark findet sich ein monumentales Denkmal an Dr. Franz Wirer, dem die Stadt viel zu verdanken hat. Er war es, der die medizinische Bedeutung der Sole erkannte und in den 30-er Jahren des 19. Jahrhunderts den Kurbetrieb in Gang setzte.

BAD ISCHL

Bereits 1831 wurde in Ischl das erste Heilbad fertiggestellt. Heute dient dieses historische Gebäude als „Haus des Gastes", in dem der Tourismusverband untergebracht ist und in dem verschiedene Veranstaltungen stattfinden. Dahinter steht das ebenso historische Post- und Telegrafenamt.

BAD ISCHL UND SEINE UMGEBUNG

KAISERVILLA

Als würde die Kaiserfamilie noch immer ein- und ausgehen, so steht die Kaiservilla unverändert an Ort und Stelle. Das einstige Ambiente ist für den Besucher überall spürbar. Jährlich findet hier im Rahmen des Kaiserfestes am 18. August - des Kaisers Geburtstag - ein großer Empfang statt.

BAD ISCHL UND SEINE UMGEBUNG

JAINZEN

Unweit der Kaiservilla führt ein Weg durch den Wald auf den „Zauberberg Sisis", den Jainzen, hinauf. Vom Gipfel aus hat man eine schöne Aussicht auf die Umgebung der Stadt, vom Siriuskogel über die Katrin bis hinaus nach Strobl am Wolfgangsee.

BAD ISCHL UND SEINE UMGEBUNG

KATRIN

Der große Hausberg der Ischler ist die Katrin, auf die eine Seilbahn hinaufführt. Verschiedene Wege und Almen laden auf ihr zum gemütlichen Wandern ein. Die besondere Lage des Berges gewährt eine großartige Schau in alle Richtungen und somit fast über das gesamte Salzkammergut.

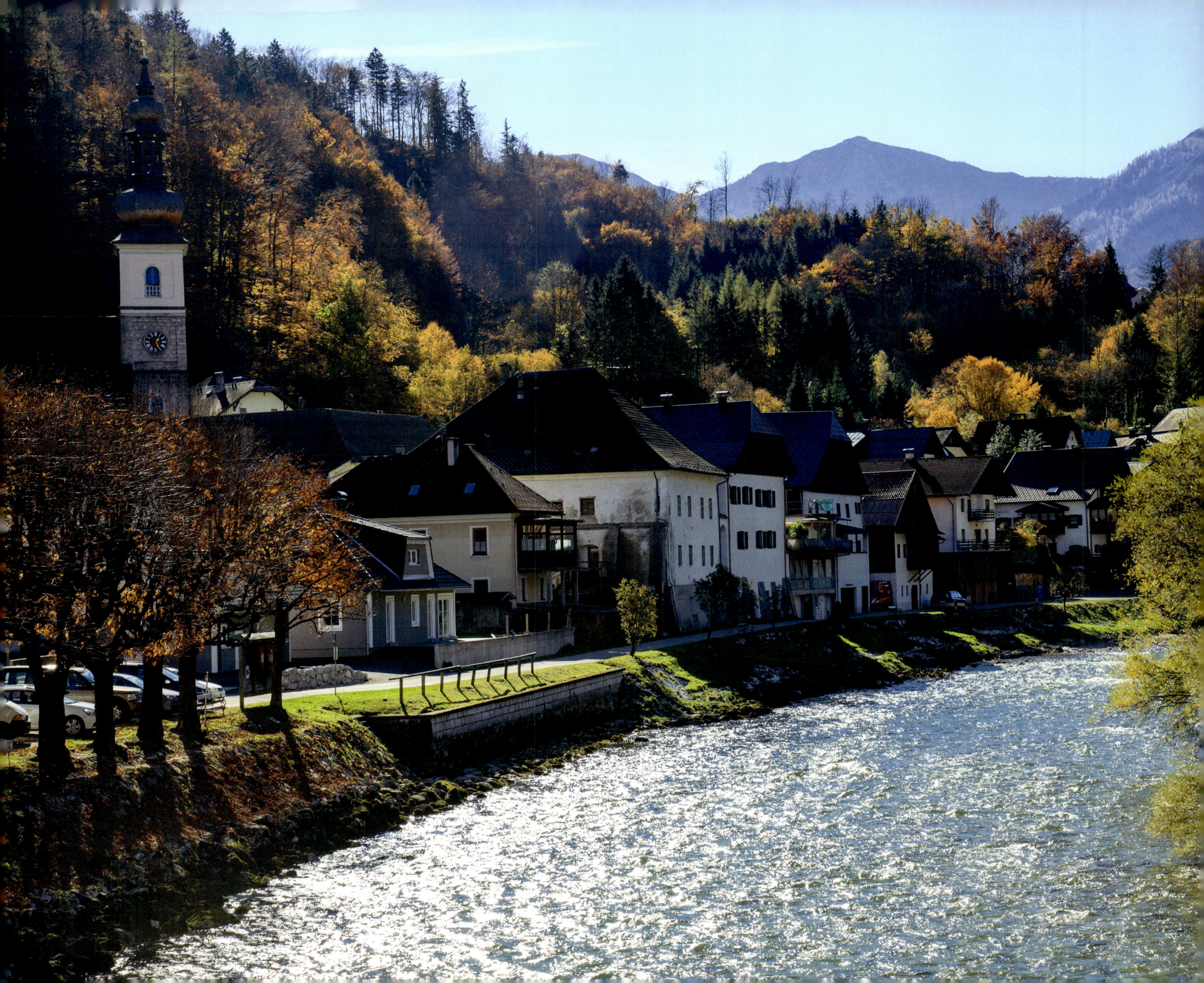

LAUFFEN

In einem Waldstück steht die aus kanadischer Pechschiefer gefertigte Villa von Oskar Blumenthal. Der Schriftsteller sah sie 1893 auf der Weltausstellung in Chicago, kaufte sie, verschiffte sie nach Europa und ließ sie entlang des Soleleitungsweges bei Lauffen wieder aufbauen.

Südlich von Ischl liegt an der Traun der kleine Ort Lauffen, der zur Zeit der Salzschiffer für seine hier zu überwindenden Stromschnellen berüchtigt war. Ebenso stand in Lauffen einst das „Weiße Rössl", jenes Gasthaus, in dem Oskar Blumenthal das gleichnamige Lustspiel schrieb, das aber erst später am Wolfgangsee berühmt werden sollte.

AUSSEERLAND

ALTAUSSEE - TRISSELWAND - LOSER - BAD AUSSEE - GRUNDLSEE - LAHNGANGSEEN - TOTES GEBIRGE - TOPLITZSEE

Brandenberg
Rettenbach
Bad Ischl
Mitteralm 1432
Hinteralm (1370)
(1558)
2093 Schönberg
Wildensee
1535
2064
Grießkarsteig
Sepp Huber -Steig
Grießkarscharte 1927
Rotgschirr
1775 Röllsattel
Hohenaualm
Ischler Hütte (1368)
Schwarzenberg Alm
Wildenseehütte (1525)
Albert Appel-Haus (1638)
Henaralm
Henarsee
1900 Redender Stein
Wiesenlacke
1870 Ablasbühel
Pühringer Htt. (1637)
Elmsee
Toten Gebirge
Salzofen 2070
1643
Dreibrüdersee
Elmgrube
Hinterer Lahngangsee
Lahngangalm
Vorderer Lahngangsee
Augustwiesenalm
Hoisenred (969)
Perneck (588)
Gschwendtalm
Salzberg
Rettenbach
(636) Rettenbachalm
Höherstein 1388
Reinfalzalm
Blaa Alm (894)
Bräuningzinken 1899
Bräuning Alm (1607)
Loserfenster
Hochanger 1838
Augstsee
Reichenstein 1913
Gößler Alm (1580)
Vordernbachalm
Sandlingalm
Hütteneckalm (1240)
Sandling 1717
Ramsau
Loser 1837
Stummernalm
Traun-Ursprung
Roßmoosalm
Berghotel Predigstuhl
Lambacher Htt. (1432)
Steinberg
Loser Hütte (1498)
Ostersee
Seewiese
Kammersee
Whs. Fischerhtt.
Toplitzsee
Schachen
Gößl
Whs. Ladner
1754 Trisselwand
Posern
Fischerndorf
Geiswinkel
Kreuz
Rehkogl
P chlern
Goisern
Altaussee (719)
Reith
Altausseer See
Rößlern
Ötz
Schst.
Stimitz-Ursprung
Waldgraben
Halleralm (830)
Oberlupitsch
Ruine Pfindsberg
Lichtersberg
Puchen
Arzleiten
Grundlsee
Bräuhof
Schst.
Wienern
Gipsbergbau
Saubach
Mitteregg
145
Tressenstein 1201
Sattel
Untertressen
St. Agatha
Pötschen 993
Unterlupitsch
Praunfalk
Wald
Ischlkogel 977
Ober-tressen
Sommerbergersee
Au
Mitterau
Auermahd
Öderntal
Halterl
Sarnstein
Pötschenpaß
Reitern
Ischlberg
Mosern
Gallhof
Archkogel
Rechenplatz
Untersee
Obersee
Bad Aussee (659)
Reith
Anger
Weißenbachalm
Türkenkogel 1756
Ödernalm
Märchensee
Schst.
Sarsteinalm
Teichschloss
Lerchenreith
Eselbach
Lawinenstein 1965
Krallersee
Hoher Sarstein 1975
Sarstein
Unterkainisch
Gschlößl
Rötelstein 1614
Langmoosalm
Ghf. Kochalmbauer
Salza
Hollhaus
Tauplitza
166
Hallstätter See
Bhf.
Sießreith 1398
Hoher Radling
Kampl 1685
Talalm
Seidenhofalm
Lopernalm
sauzwang
Hst.
Schst.
Gosaumühle
Koppentraun
Radling
Äußere-Kainisch
Kranawetter
Rabenkogel 1534
Brentenmöserht (1364)
Zinken 1854
Feuerkogel 1704
145
Mattkogel 1659
Pichl
Obersdorf
Reithartl
Sarsteinhütte (1620)
Planeralm
Bhf.
Knoppen
Ma. Kumitz
Sonnenalm
Handleralm
Rauer Koppen 1807
Ghf. Kohlröserlhtt.
145
Reith
Bad Mitterndorf (809)
Schst.
Hst.
Gsprangalm
Sillalm
Helmreith
Rödschitz
Schloss Grub
Obertraun (513)
Hst.
Ghs. Koppenrast
Sommerkinderdorf
Ödensee (776)
Mühlreith
Thörl
Zauchen
Furtberg
Koppenwinkelsee
Koppenwinkelalm
Schst.
Schst.
Bhf.
Herrenalm (1421)
Knödlalm
Hst.
Krungl
Lahn
Winkel
Bhf.
Neuhofen
Graben
Koppenbrüllerhöhle
Steinitzalm
Heiss
Bundessportschule
Bauer am Kulm
Kulm
Kessel
Riesenkarstquelle
Landfriedalm
Hochunters 1758
Finetseen
Grüne Lacke
Schwarzsee
Wandlkogel 1313
Duckbauer
Karsee
Schreiberinalm
Schisprungschanze
Bad Heilbrunn
Krunglwald
Salza
Salzastausee
Mammuthöhle
Schönbergalm
Eishöhle
0 1 2 3 km
© arbeitsgemeinschaft kartographie
2109
Dachsteinblick
Schilcheralm
Däumelsee
Speikberg
Pfalzkogel
Neubergsee
Hochmühleck 1738
Fahrnrinnalm (1390)
Rasslalm
Hörndl 1178

AUSSEERLAND

JENSEITS DES PÖTSCHEN

Während die großen Seen im Norden oft noch unter hartnäckigem Nebel liegen, scheint jenseits der Passhöhe des Pötschen - im Ausseerland - bereits die Sonne. Gerade im Herbst ist das Ausseer Becken relativ nebelarm und lockt den Wanderer an die Südseite des Toten Gebirges. Aber es ist freilich nicht die Sonne allein: Das Steirische Salzkammergut hat auch sonst viel zu bieten.

Umrahmt von schroffen Felswänden ist es ein alpines Kleinod mit eigenständigem Charakter. Die wenigen Seen sind kleiner als die meisten im übrigen Salzkammergut, dafür aber noch zum größten Teil naturbelassen. Ihr Wasser ist glasklar und die Berge spiegeln sich darin so makellos, dass es ob dieser Verdopplung schwer fällt, das Original vom Abbild zu unterscheiden. Wo die steilen Abhänge Raum für Wiesen lassen, wogt im Mai ein weißes Meer aus Narzissen, denn nirgendwo sonst im Salzkammergut gedeihen sie prächtiger als im Ausseerland. Jährlich zieht das beliebte Narzissenfest tausende Schaulustige an.

Wo die Natur ein kleinräumiges Juwel geformt hat, dort ist auch die Kultur von besonderem Wert. Für die Ausseer ist gelebtes Brauchtum eine Selbstverständlichkeit und das Tragen von Tracht keine Frage des Images, sondern eine Sache der Überzeugung. Es ist bezeichnend, dass es aufgrund dieser Tatsache im Ausseerland auch keine Trachtenvereine braucht. Die Ausseer sind bodenständig, sie leben authentisch und die Angst vor dem Verlust ihrer Identität ist weniger groß als anderswo.

Das Brauchtum ist jedenfalls vielschichtig und hat viele Eigenarten entwickelt. Ein gutes Beispiel dazu liefert der Fasching, der das Ausseerland jedes Jahr in einen Ausnahmezustand versetzt. Drei Tage lang beherrschen dann die bunten Gestalten der „Maschkerer" die Straßen, um lautstark den Winter zu vertreiben. Eigene Maskentypen wie die „Pless", die „Trommelweiber" oder die „Flinserl" verleihen dabei den Umzügen eine besondere Note.

Den geschichtlichen Bezug des Ausseerlandes zum Salzkammergut liefert der Salzberg im Sandling-Massiv. Wenn auch weniger berühmt und nicht so alt wie der Salzbergbau in Hallstatt, so hatte er an der Entwicklung der Region doch erheblichen Anteil. Erstmals urkundlich erwähnt wurde der Salzabbau 1147 und ab dem 13. Jahrhundert weiß man vom Betrieb einer Saline in Bad Aussee. Heute ist das zur Gemeinde Altaussee gehörende Salzbergwerk mit einem jährlichen Ausstoß von 450.000 Tonnen Salz die größte Salzgewinnungsstätte Österreichs. Das dazu gehörige Schaubergwerk existiert bereits seit 1926 und kann von April bis Oktober täglich besucht werden.

Auch als Fremdenverkehrsregion hat das Steirische Salzkammergut früh Fuß gefasst. Schon Mitte des 19. Jahrhunderts waren die ersten Sommerfrischler begeistert vom bezaubernden Charme dieser facettenreichen Landschaft. Einheimische vermieteten ihre Zimmer und bald wurden die ersten Villen gebaut. Neben dem Bergbau entwickelte sich die Sommerfrische bald zum bedeutendsten Wirtschaftsfaktor.

AUSSEERLAND

ALTAUSSEE UND SEIN TINTENFASS

Als ein „riesiges Tintenfass" bezeichnete der Literat Raoul Auernheimer den Altausseer See und er meinte damit die auf ihn und seine Kollegen inspirierende Wirkung. Seit jeher war sein dunkles Gewässer Anziehungspunkt für Schriftsteller, in das sie, wie Auernheimer bemerkt, „ihre Federkiele tauchten". Die Liste prominenter Künstler, die an diesem See ihre Sommer verbrachten oder sich gar dauerhaft niederließen, ist lang. Zu ihnen zählten Hugo von Hofmannsthal, Jakob Wassermann, Nikolaus Lenau, Hermann Broch, Arthur Schnitzler, Friedrich Torberg, Stefan Zweig und viele andere. Der Schauspieler und Regisseur Klaus Maria Brandauer verbrachte in Altaussee seine Kindheit und kehrt seither immer wieder zurück, auch um verschiedene Kulturprojekte zu realisieren.

Einen umfassenden Überblick zum künstlerischen Schaffen am See gibt das sehenswerte Literatur-Museum, in dem auch die Wechselwirkung zwischen den Künstlern, den Bewohnern und der Landschaft aufschlussreich dargestellt wird. Ein von der Altausseer Schriftstellerin Barbara Frischmuth angelegter Literaturgarten sowie eine Auswahl an Zitaten und Anekdoten geben dabei interessante Einblicke. Wer sich aber lieber körperlich bewegt, folgt am besten dem „Via Artis", einem vier Kilometer langen Themen-Wanderweg, der auf Schautafeln auch den einstigen Wohnstätten der Literaten und Musiker nachspürt.

Der friedlich am Westufer des Sees gelegene Kurort besticht durch schöne Holzhäuser in blühenden Gärten und einer kleinen gotischen Steinkirche aus dem 15. Jahrhundert. Seit 1961 wird das glaubersalzhaltige Quellwasser aus dem Salzbergwerk als Heilquelle anerkannt und direkt zum Trinkbrunnen im Kurhaus geleitet. Außerdem befindet sich in der Nähe der Seeklause eine Freiluft-Gradieranlage, in der Sole auf Tannenreisig tropft. Die dabei freigesetzten ätherischen Öle haben besonders für Allergiker und Asthmatiker eine wohltuende Wirkung.

Wer seinem Körper und seiner Seele sonst noch etwas Gutes tun möchte, für den sollte zumindest der Seerundweg eine Pflicht sein. Ob man im oder gegen den Uhrzeigersinn startet oder zu welcher Jahreszeit, spielt dabei eine untergeordnete Rolle. Nie geizt der See mit seinen Reizen. Der Eindruck ist geprägt von Stille, Schönheit und Wildheit zugleich. Dreimal wechseln dabei auf dem Rundweg die Spiegelbilder großer Berggestalten. Zunächst sieht man gleich vom Ort aus das grandiose Schaustück der Trisselwand, eine senkrecht aus dem Wasser steigende schroffe Wandflucht. Von der Ostseite rückt dann der Loser ins Bild, ein fast ebenso markanter Berg, wenn er auch zum Ufer etwas mehr Abstand hält. Als Höhepunkt zeigt sich aber an klaren Tagen König Dachstein, wenn von der romantischen Seewiese aus sich seine fernen Gletscher im tiefen Blau des Sees verlieren.

Etwas anspruchsvolleren Wanderern sei die Besteigung des Trisselkogels empfohlen, nicht durch die lotrechte Trisselwand, die echten Alpinisten vorbehalten bleibt, sondern über den mit dem Auto erreichbaren Tressensattel. Auf der dem See abgewandten Seite gewinnt man etwas sanfter an Höhe und erhält zusätzlich einen Blick zum nahen Grundlsee. Nach der Waldgrenze steigt man zunächst über einige Felsriegel zum Ahornkogel hinauf, um dann nahe der Abbruchkante dem Weg durch Latschengassen zum Hauptgipfel zu folgen. Es braucht nicht extra betont zu werden, dass der Tiefblick zum Altausseer See und das sich erschließende Panorama überwältigend sind.

An klaren Tagen spiegelt sich der Dachstein majestätisch im Altausseer See.

AUSSEERLAND

DER LOSER – EIN BERG FÜR ALLE!

Einer der bekanntesten Berge im Ausseerland ist der Loser. Man kann ihn erwandern, seine Höhen mit dem Auto über die Loser-Panoramastraße erreichen oder einfach nur – wie schon auf dem Seerundweg beschrieben – sein Spiegelbild im Altausseer See betrachten.

Ob im Sommer oder im Winter, ob Wanderer, Kletterer, Gleitschirmflieger, Schifahrer oder Tourengeher, der Loser hat zu jeder Jahreszeit für jeden etwas zu bieten. Sein sonderbarer Name entstand angeblich im Mittelalter, zu einer Zeit, in der man auf den Berg stieg, um zu „losen" (Dialekt für horchen, lauschen), ob im Ennstal ein Feind im Anmarsch war. Diese strategisch günstige Position mag auch seine frühe Erschließung begründen. Bereits 1882 wurde unterhalb der markanten Felskrone eine Schutzhütte errichtet, in der nur zwei Jahre später sogar Kaiserin Sisi übernachtete. Der herrlichen Aussicht wegen hat sie den Loser mehrmals aus eigener Kraft bestiegen. Weniger bergtaugliche aber dafür wohlhabende Sommerfrischler nahmen sich dagegen Sesselträger, die in Altaussee ihre Dienste anboten.

Heute fahren die meisten mit dem Auto über die neun Kilometer lange Panoramastraße zur Loserhütte hinauf. Spätestens dort aber sollte man seine Wanderschuhe schnüren. Es bietet sich eine schöne Rundtour an, bei der man nicht nur den Gipfel besteigt, sondern auch beim Loser Fenster vorbeikommt, einem natürlichen Felstor, durch das man in die schwindelnde Tiefe blickt. Auf einer weiteren Station passiert man den kleinen Augstsee, um den im Frühjahr farbenfroh die Alpenblumen blühen, während im Wasser noch die letzten Eisschollen treiben.

Über einem traditionellen Haus bei Altaussee grüßt die markante Berggestalt des Losers.

AUSSEERLAND

Östlich von ihm führt der Weg hinaus ins weite Kalkplateau des Toten Gebirges, hinein in eine faszinierende Karstlandschaft. Zumindest bis zum Bräuning Zinken - einem Nachbargipfel des Losers - könnte man gehen, bevor man wieder zum Parkplatz zurückkehrt.
Ein Highlight für sportlichere Bergfreunde stellt der Sissi-Klettersteig dar, der 300 Höhenmeter durch die senkrechte Südwand des Losers führt. Ein besonders ausgesetzter Quergang ist dabei absolut spektakulär und fordert jeden Klettersteiggeher heraus. Im Winter teilt sich der Loser mit dem benachbarten Sandling ein Schigebiet mit ausgezeichneten Pisten, die auch für Familien bestens geeignet sind.

BAD AUSSEE - DIE MITTE ÖSTERREICHS

Mit knapp 5000 Einwohnern bildet die Kurstadt Bad Aussee nicht nur das Herzstück des Ausseerlandes sondern gleichzeitig auch den Mittelpunkt Österreichs. An diese geografische Begebenheit erinnert im Kurpark der Mittelpunktstein. Dort vereinen sich auch die drei Quellflüsse der Traun, auf denen früher das Holz zu den Sudpfannen gedriftet worden ist. Als Ableger des Bergwerks entwickelte sich die Siedlung schon im 14. Jahrhundert zu einem wohlhabenden Handelszentrum. Die Salzproduktion ist aber mittlerweile Vergangenheit, 1983 hat man die Saline im Ortsteil Unterkainisch geschlossen. Seither fließt die Sole des Altausseer Bergwerks nach Ischl und von dort zusammen mit jener aus Hallstatt zu den Salinen in Ebensee.

Grandiose Ausblicke gewährt das „Loser Fenster", ein natürliches Felsloch am gleichnamigen Berg.

AUSSEERLAND

Bad Aussee gilt nach einem Preisausschreiben seit 1949 als der offizielle Mittelpunkt Österreichs. Um dieser Begebenheit Nachdruck zu geben, wurde im Kurpark ein Mittelpunktstein errichtet.

Im Kurpark steht auch das Denkmal an Erzherzog Johann, einen großen Gönner und Förderer der Steiermark. Seine romantische Liebe zur Postmeistertochter Anna Plochl, die er 1819 im Ausseerland kennen lernte, bewegte die Herzen des Volkes.

AUSSEERLAND

Den Titel „Bad" bekam Aussee 1911, obwohl es bereits 1868 als Kurort anerkannt worden war. Heute wirbt das modern geführte Vital-Zentrum mit dem Slogan „Gesundheit hat eine Heimat". Die lange Tradition spielt dabei immer noch eine Rolle, da sich an der heilkräftigen Wirkung der Sole auch nach über 100 Jahren nichts geändert hat. Nur die Möglichkeiten der Anwendung haben sich entsprechend erweitert.

Bei einem Spaziergang im Kurpark trifft man neben dem Mittelpunktstein noch auf ein anderes Denkmal: auf das Standbild von Erzherzog Johann. Den Bruder von Kaiser Franz I. verband mit dem Ausseerland eine besondere Beziehung. Sein Schicksal wollte es, dass er sich 1819 am Toplitzsee in die Postmeistertochter Anna Plochl verliebte, natürlich sehr zum Missfallen des Habsburgerhofes. Lange Zeit wurde ihm die Eheschließung verwehrt, bis der Kaiser 1829 doch noch ein Nachsehen hatte und das Paar sich in Maria Zell das Ja-Wort geben durfte. Sein Leben lang blieb der Habsburger seiner bürgerlichen „Nanni", wie er sie gerne nannte, treu. Als Förderer und Modernisierer des Landes wurde er zu einer Identifikationsfigur und seine Volksverbundenheit machte ihn unter den Bürgern zum „steirischen Prinzen".

Unweit der Statue von Erzherzog Johann steht das auf den Grundmauern der mittelalterlichen Saline errichtete Kongresshaus, in dem auch das bekannte Cafe Lewandofsky untergebracht ist. Für Bad Aussee hat es eine ähnliche Bedeutung wie das Cafe Zauner in Bad Ischl und jeder, der altösterreichische Kaffeehauskultur liebt, sollte ihm unbedingt einen Besuch abstatten. Seit 1870 ist es ein beliebter Treffpunkt, in dem man auch immer wieder prominente Gesichter sieht.

Noch älter ist der den Hauptplatz beherrschende Kammerhof, in dem viele Jahrhunderte lang die Salzverweser residierten. Bis 1924 wurden die Salinen von diesem altehrwürdigen Gebäude aus verwaltet. Seit 1976 befindet sich in ihm

Bad Aussee ist nicht nur die Mitte Österreichs, sondern auch der Hauptort im Ausseerland. Außerdem wurde die Stadt aufgrund ihres Engagements zur Umsetzung der Alpenkonvention 2010 zur Alpenstadt des Jahres gekürt.

ein Museum, in dem man viel über Geschichte und Volkskultur erfahren kann. Sollte man vielleicht eine Lederhose oder ein Dirndlkleid brauchen, ist man in Bad Aussee natürlich ebenfalls bestens bedient, nicht nur in den vielen Trachtengeschäften sondern auch in so mancher Werkstätte, in der am Kunden noch persönlich Maß genommen wird. Wer sich eine Lederhose anmessen lässt, sollte aber Geduld haben. Die Auftragsbücher sind voll und eine Wartezeit von mindestens einem Jahr ist ganz normal.

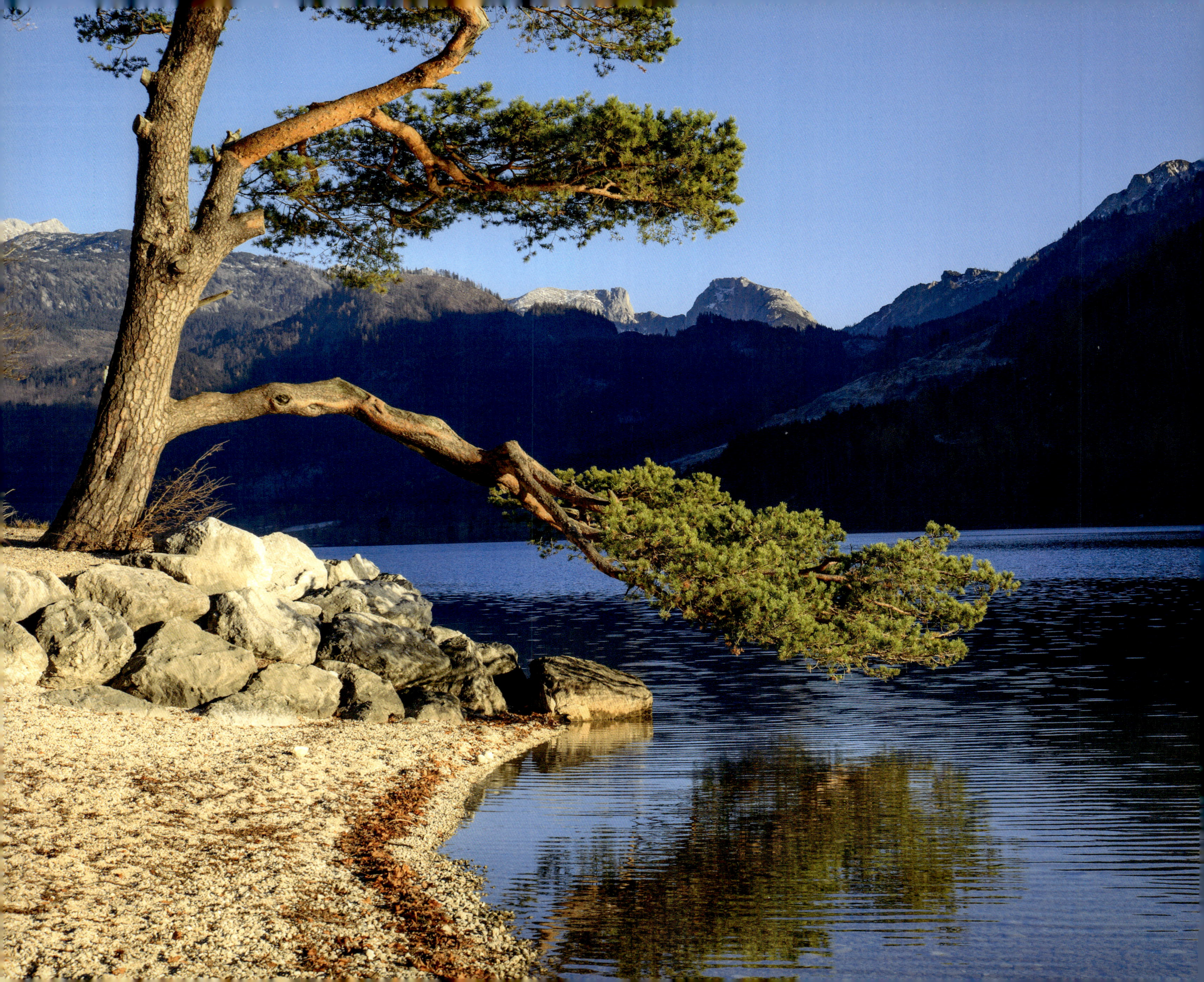

AUSSEERLAND

DER GRUNDLSEE, DIE LAHNGANGSEEN UND DAS TOTE GEBIRGE

Zusammen mit dem Altausseer See zählt der Grundlsee zu den schönsten Gebirgsseen Österreichs. Länger und doppelt so groß wie sein Nachbar liegt er wie ein Fjord zwischen den Bergen. An seiner Nordseite dominieren schroffe Felswände wie jene von Backen- und Reichenstein, die sich gekonnt in Szene setzen. Im Süden hingegen steigen die Höhen sanfter an und lassen Platz für weite Almwiesen, die im Frühjahr vom weißen Blütenmeer der Narzissen überzogen sind. Dazwischen und weiter oben umspannt die Hänge ein dunkelgrüner Waldgürtel.

Kommt man von Bad Aussee herauf, erreicht man am Westende des Sees zunächst die Ortschaft Grundlsee. Sofort fallen einem auch hier die vielen schönen Holzhäuser auf, an denen Obstbäume am Spalier gezogen werden und an Fensterbänken Blumenkisten überquellen. Ebenso findet man alte Villen aus der Zeit der Sommerfrische, denn wie in Altaussee ist die Liste prominenter Gäste lang.

Am anderen Ende des Sees, wo auch die Straße endet, liegt die Häuseransammlung Gößl. Durch den malerischen Ort zu spazieren, in dem es auch ein Strandbad und einen Campingplatz gibt, ist ein regelrechter Genuss. Im Traditionsgasthof Veit kann man gute bodenständige Küche genießen und sich daran erinnern, dass einst auch der Industrielle Konrad Mautner hier wohnte. Seine volkskundlichen Studien sowie sein Einsatz für die Erhaltung des Brauchtums brachten dem Wiener in der Steiermark hohe Verdienste ein. In Gößl erwarb er schließlich ein Haus, um ganz am Grundlsee heimisch zu werden.

Zu den schönsten Gebirgsseen im Salzkammergut gehört der Grundlsee, dessen klares Wasser ein Tummelplatz für zahlreiche Fische ist.

Für eine leichte Wanderung bietet sich der Süduferweg an, der die beiden Ortschaften Grundlsee und Gößl miteinander verbindet. An dieser Seite ist der See kaum bebaut und man kommt als Naturliebhaber voll auf seine Kosten. Genussreich wandert man durch zauberhafte Uferlandschaften, über grüne Matten und durch schattige Wälder. Im glasklaren Wasser sieht man die dunklen Leiber von großen Seeforellen, die sich zahlreich im Grundlsee tummeln.

Auf der anderen Seeseite verraten die Südabstürze des Toten Gebirges, dass die Wege dort wohl mühsamer sind. Aber sind sie deswegen weniger lohnend? Keineswegs! Sogar der durch seine lotrechte Stirnseite unbezwingbar erscheinende Backenstein kann in einem weit ausholenden Bogen, sozusagen von seiner Rückseite her, bestiegen werden. Der Blick von dieser rund tausend Meter aus dem See aufragenden Felskanzel ist schlicht atemberaubend. Wie ein langer tiefblauer Teppich spannt sich der Grundlsee unter das Gipfelkreuz.

Weniger schwindelerregend ist ein Besuch der beiden Lahngangseen, die auf dem Weg zur Pühringer Hütte liegen. Unter den vielen Zugängen auf das Plateau des Toten Gebirges ist dieser einer der schönsten. Weltvergessen ruhen die Lahngangseen auf 1500 Meter Seehöhe zwischen steilen Bergflanken. Man sollte sich Zeit nehmen, um an ihren Ufern ausgiebig zu rasten. Dabei kann man nicht nur vorzüglich die Seele baumeln lassen, sondern im glasklaren Wasser vielleicht auch einige Saiblinge beobachten. Diese Fische leben hier bereits seit der letzten Eiszeit in völliger Isolation. Für die Wissenschaft stellen sie ein wertvolles Genreservoir dar, da sich ihre Population, ohne den Einfluss von Kreuzungen, seit vielen tausend Jahren nicht verändert hat. Folgt man nach den Lahngangseen dem Weg weiter hinauf, gelangt man in die Elmgrube, in eine Senke mit schönem Lärchenwald, in der einige Almhütten stehen, die früher adeligen Jagdgesellschaften dienten. Von hier ist es nicht mehr weit zur

AUSSEERLAND

Pühringer Hütte, einem zentralen Stützpunkt im Toten Gebirge. Für jeden Wanderer ist die malerisch am kleinen Elmsee gelegene Alpenvereinshütte idealer Ausgangspunkt für vielfältige Unternehmungen.

Ein anderer Weg führt von der Elmgrube aus auf den 2070 Meter hohen Salzofen. Unter seinem Gipfel befindet sich eine große Höhle - die Salzofenhöhle - in der man seltsam angeordnete Schädel von Höhlenbären sowie Holzkohlestücke fand. Es stellte sich heraus, dass sie steinzeitlichen Jägern vor 30.000 Jahren als Unterschlupf und Jagdstation diente. Damit ist sie die höchstgelegene Höhle Österreichs, in der man vorgeschichtliche Spuren von Menschen nachweisen konnte.

Der Aufstieg zum Salzofen ist lang und bleibt konditionsstarken Gehern vorbehalten. Etwas weniger anstrengend ist ein anderer Weg, der vom Grundlsee hinauf zur Gößler Alm führt. Mehrere kleine Holzhütten stehen hier bezaubernd auf einer grünen Terrasse, die den Blick über die Landschaft freigibt. Über den Grundelsee hinweg leuchtet in der Ferne der Dachstein. Wenn im Herbst die Lärchen ihr goldenes Kleid tragen und der Berghimmel sich fast grenzenlos weitet, ist es dort oben am schönsten.

DER TOPLITZSEE.....
UND SEIN EWIGES GEHEIMNIS

Wie viele Sagen, Legenden und Spekulationen ranken sich um diesen See! Nach dem zweiten Weltkrieg soll man hier Beweismaterial vernichtet haben und irgendwo in seinen finsteren Tiefen sollen die Goldreserven der Nazis liegen. Unzählige Schatzsucher haben sich an ihm bereits erprobt, doch außer einigen Kisten mit gefälschten britischen Banknoten hat man bisher nicht wirklich etwas gefunden. Einmal war eine Geo-Expedition unterwegs, die einen biologischen Schatz entdeckte: eine bis dahin unbekannte Wurmart, die in den Tiefen des Sees ganz ohne Sauerstoff lebt.

Die größte und teuerste Suchaktion wurde im Jahr 2000 von Amerikanern durchgeführt, von jenen Leuten, die auch schon Teile der Titanic an die Oberfläche geschafft hatten. Mit Tiefsee-U-Booten tauchte die Firma Oceaneering bis zum 110 Meter tiefen Grund hinab, mit Spezial-Geräten durchleuchtete man das Terrain. Man hat angeblich wieder nichts gefunden.

Tatsache ist, dass die Nazis den Toplitzsee in den letzten beiden Kriegsjahren als Marine-Stützpunkt nutzten und verschiedene Waffentests durchführten. Als das Kriegsende nahte, hatte man es eilig, verschiedene Dinge verschwinden zu lassen. Davon berichteten nicht nur Augenzeugen, sondern Einheimische mussten sogar mithelfen, dubiose Kisten zu transportieren. Das Geheimnis, was damit tatsächlich geschehen war, bleibt also weiterhin bestehen.

Ungeachtet von seinen vielen Legenden ist der Toplitzsee aber auch ein Naturjuwel. Nur von Gößl am Grundlsee aus zugänglich, liegt er abgeschieden zwischen schroffen Felswänden, die so steil sind, dass man ihn zu Fuß nicht umrunden kann. Nur im Sommer fährt von der am Eingang des Sees gelegenen Fischerhütte ein Boot zum anderen Ufer. Von dort führt ein schmaler Pfad noch hundert Meter zum winzigen Kammersee hinauf, der als Traun-Ursprung gilt. In dieser hintersten, von knorrigen Bäumen umstandenen Schlucht ist der Himmel über einem schmal geworden und man glaubt wirklich am Ende der Welt zu stehen.

*Ausschließlich vom Toplitzsee aus mit dem Boot erreichbar ist der winzige Kammersee, der als Traunursprung gilt.
Abgeschieden vom Rest der Welt führt er ein einsames aber faszinierendes Dasein.*

AUSSEERLAND

Das Ausseer Becken im Steirischen Salzkammergut besticht durch weitläufige Wiesen vor der grandiosen Felskulisse des Toten Gebirges.

ALTAUSSEE

Beachtung finden im Ausseerland die noch vielen traditionellen Holzhäuser mit reichlich Blumenschmuck.

AUSSEERLAND

Der heutige Kurort Altaussee liegt direkt am Ufer des gleichnamigen Sees. Seine Entstehung verdankt die Siedlung wesentlich dem nahe gelegenen Salzbergbau im Sandlingmassiv.

ALTAUSSEE

Als „schwarzes Tintenfass" hat der Schriftsteller Raoul Auernheimer den Altausseer See bezeichnet.

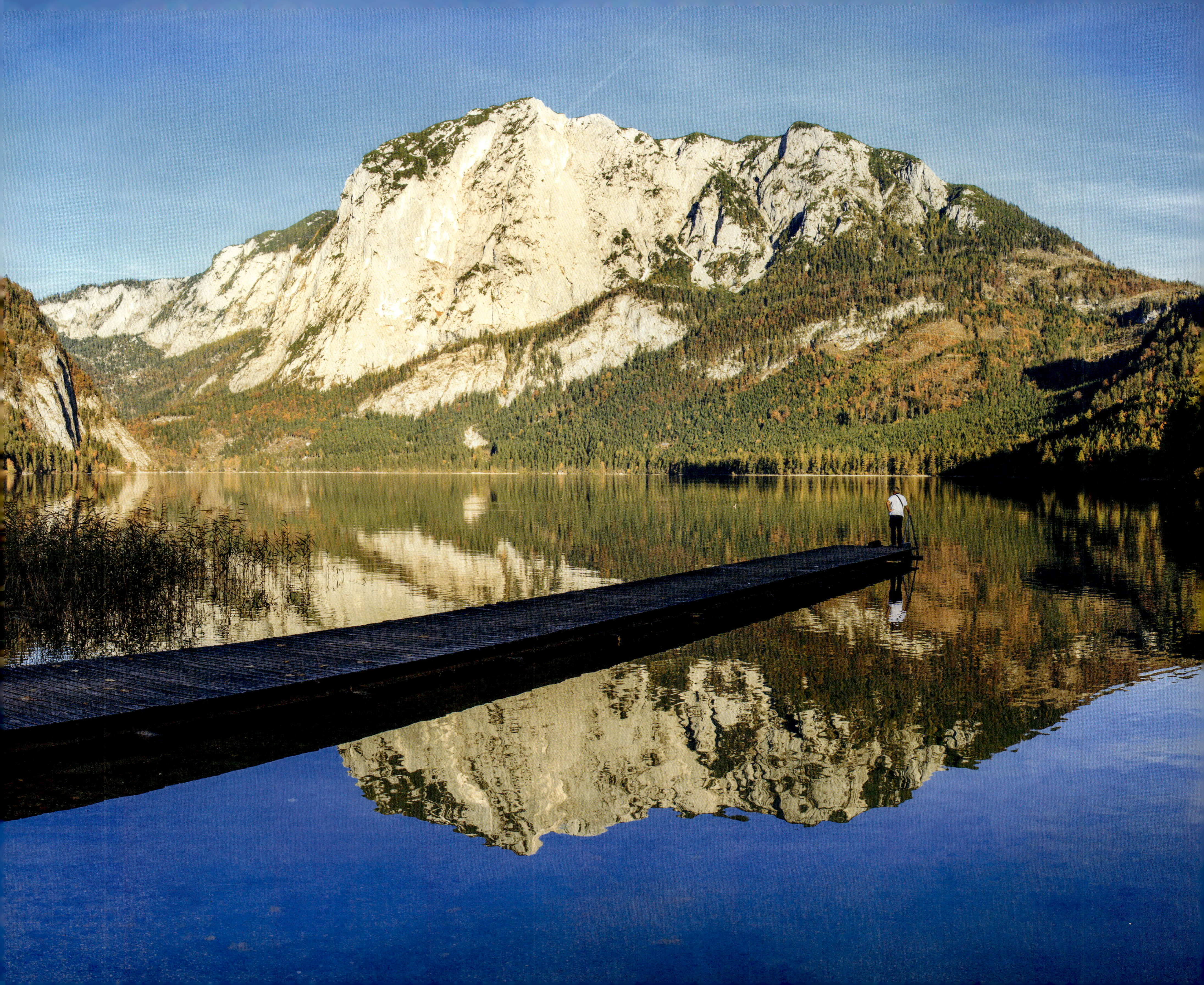

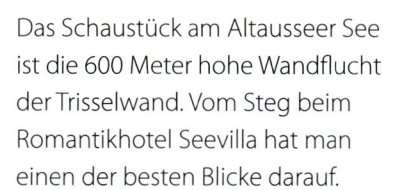

ALTAUSSEE

Das Schaustück am Altausseer See ist die 600 Meter hohe Wandflucht der Trisselwand. Vom Steg beim Romantikhotel Seevilla hat man einen der besten Blicke darauf.

AUSSEERLAND

ALTAUSSEE

Eine Pflichtwanderung im Ausseerland ist der schöne Rundweg um den Altausseer See. Man kommt dabei auch an der malerischen Seewiese vorbei, wo aus dem Wasser einige Felsblöcke ragen. In der Ferne glänzt der Dachstein im ersten Morgenlicht.

AUSSEERLAND

Aus der Vogelperspektive wirkt der Altausseer
See wie ein großes dunkelblaues Auge.

TRISSELWAND

Schwindelerregend ist der Tiefblick vom Gipfel der Trisselwand. Tausend Meter weiter unten liegt der Altausseer See am frühen Morgen noch im Nebel. Jenseits des Ausseer Beckens und des Sarsteins erhebt sich im Hintergrund das Dachsteinmassiv.

AUSSEERLAND

Blick vom Hochanger auf die Steilabbrüche des Losers. In gebührendem Abstand zur gähnenden Tiefe verläuft der Wanderweg Richtung Gipfel.

LOSER

Die bizarre Felsszenerie am Loser übt auf den Wanderer eine besondere Faszination aus.

AUSSEERLAND

LOSER - AUGSTSEE

Einsam ruht der kleine Augstsee am frühen Morgen im Losermassiv. Während des Tages jedoch wird er gerne von Wanderern bevölkert, die an seinen Ufern eine Rast einlegen. Vom oberen Parkplatz der Loser-Panoramastraße ist er in wenigen Gehminuten leicht erreichbar.

AUSSEERLAND

Im Frühjahr verwandeln sich viele Wiesen im Ausseerland in ein weißes Narzissenmeer. Besonders schön ist dieses Schauspiel an der Südseite des Grundlsees mit den markanten Felswänden von Backenstein und Reichenstein im Hintergrund.

GRUNDLSEE

Die Blütenpracht der Narzissen ist auch der Grund für das jährlich stattfindende Narzissenfest, das tausende Besucher anlockt. Abwechselnd wird es entweder in Altaussee oder am Grundlsee abgehalten.

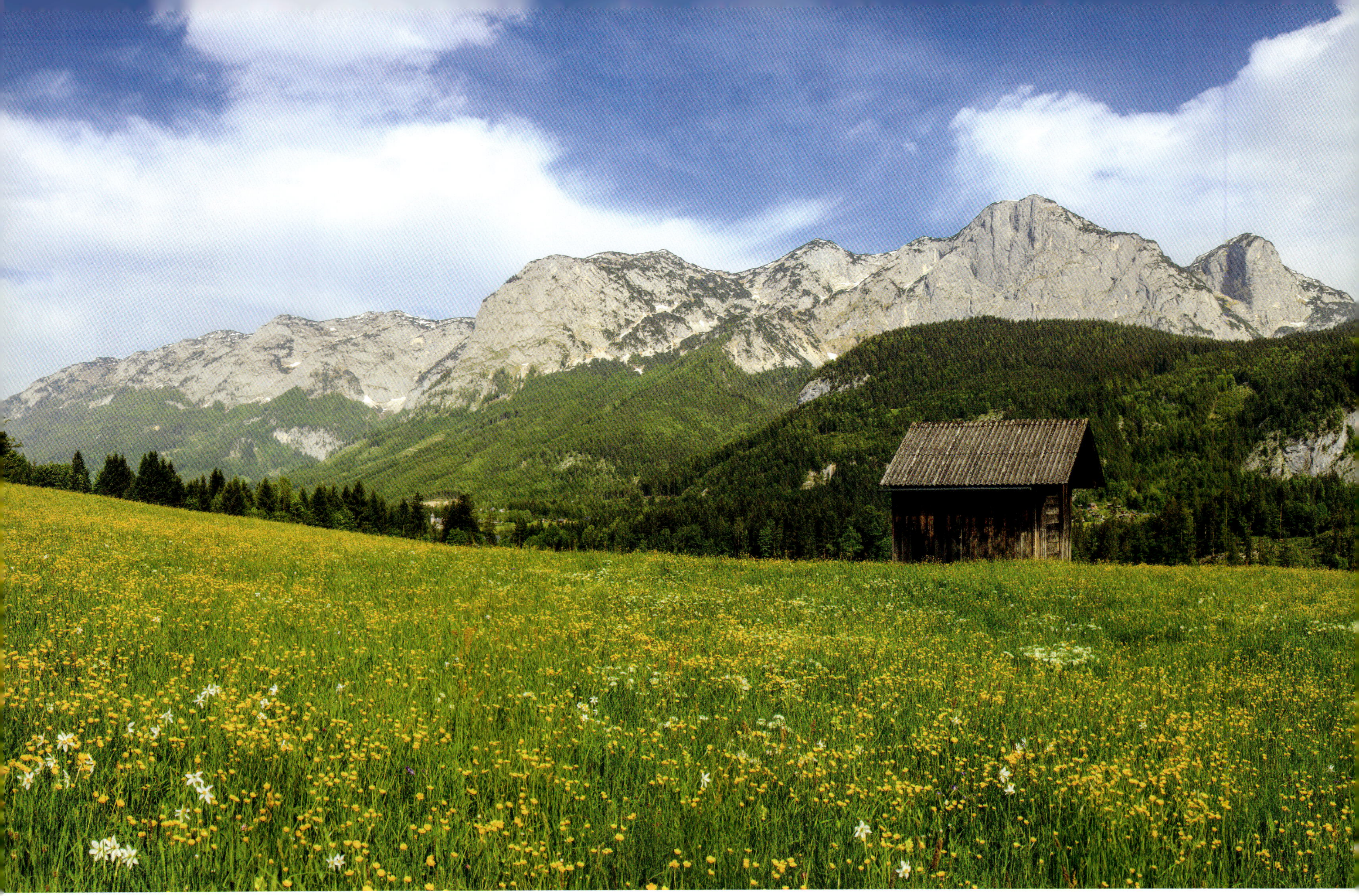

Am Ostende des Grundlsees weitet sich bei den Gößlwiesen die Landschaft.
Alte Heuschober stehen hier verstreut entlang der Spazierwege.

AUSSEERLAND

GRUNDLSEE

Von Bad Aussee her kommend erreicht man den Grundlsee bei der gleichnamigen Ortschaft.
Schnell ist man von der Schönheit dieses Gebirgssees und der Landschaft ringsum verzaubert.
Links im Bild grüßt die markante Felsnase des Backensteins.

AUSSEERLAND

GRUNDLSEE

In ein besonderes Farbenspiel verwandelt sich der Grundlsee im Herbst. Die Wasseroberfläche wird im Spiegelbild der Bäume, Wiesen und Berge zu einem einzigartigen Aquarell.

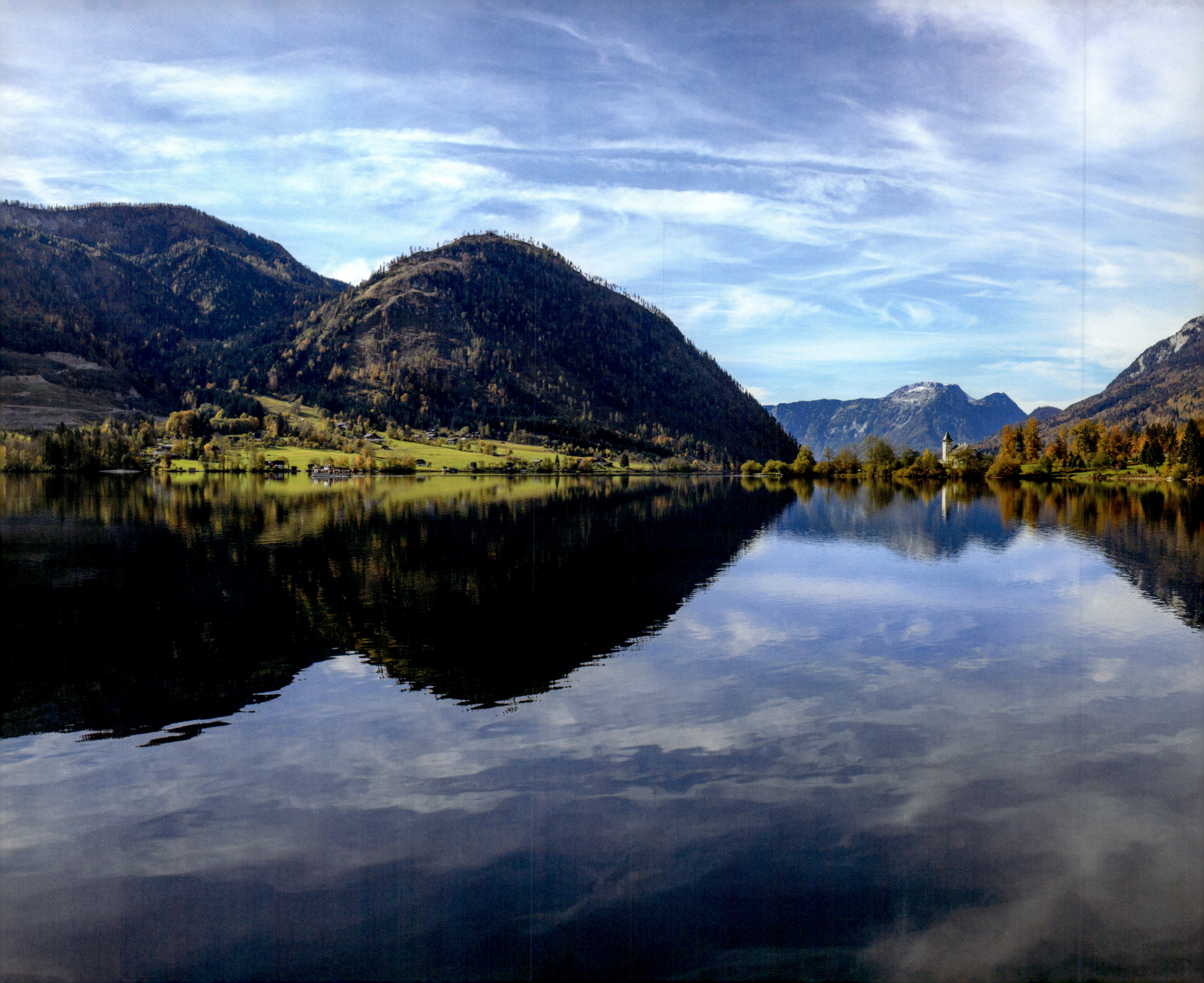

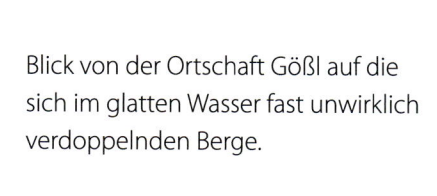

GRUNDLSEE

Blick von der Ortschaft Gößl auf die sich im glatten Wasser fast unwirklich verdoppelnden Berge.

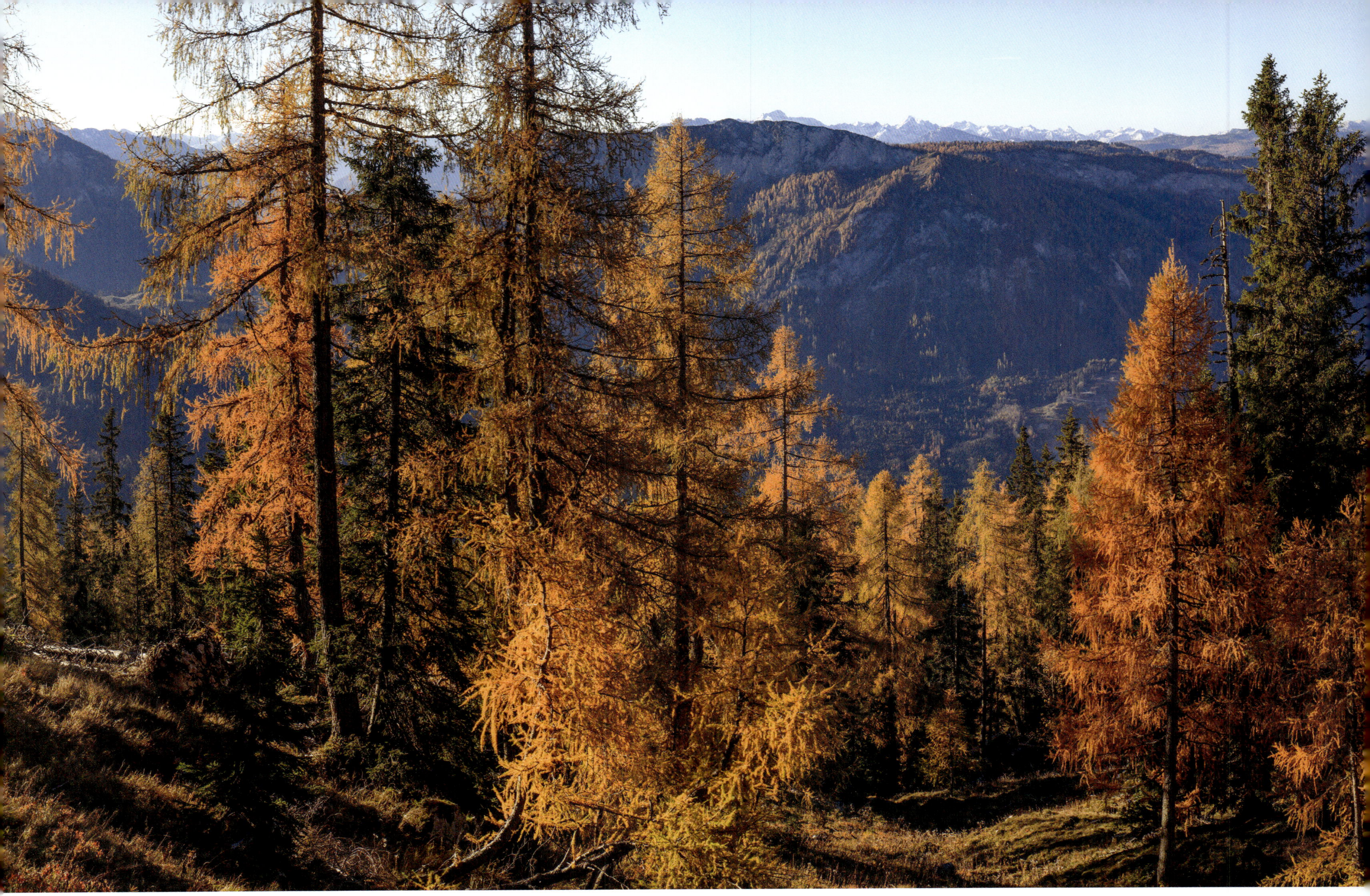

Auf die Gößler Alm sollte man an einem klaren Herbsttag hinauf wandern.
Ende Oktober erreicht die Verfärbung der Lärchen hier ihren Höhepunkt.

AUSSEERLAND

GÖSSLER ALM

Eine herrliche Aussicht auf den Grundlsee ergibt sich oberhalb der Gößler Alm.
Am Horizont dominiert - wie so oft im Salzkammergut - König Dachstein.

AUSSEERLAND

Tiefblick von der Graswand auf den Vorderen Lahngangsee, der wie weltvergessen zwischen steilen Bergflanken ruht.

LAHNGANGSEEN

Der Weg vom Grundlsee hinauf zu den beiden Lahngangseen gehört zu den schönsten im Ausseerland. Wenn man Glück hat, sieht man auch einen der wissenschaftlich interessanten Saiblinge, die hier in genetischer Isolation die Zeiten überdauert haben.

AUSSEERLAND

TOTES GEBIRGE - SALZOFEN

Wandert man von den Lahngangseen weiter, erreicht man beim 2000 Meter hohen Salzofen das karge Hochplateau des Toten Gebirges. Diese Karstlandschaft ist übersät von Dolinen und Schächten, die in den Untergrund führen.

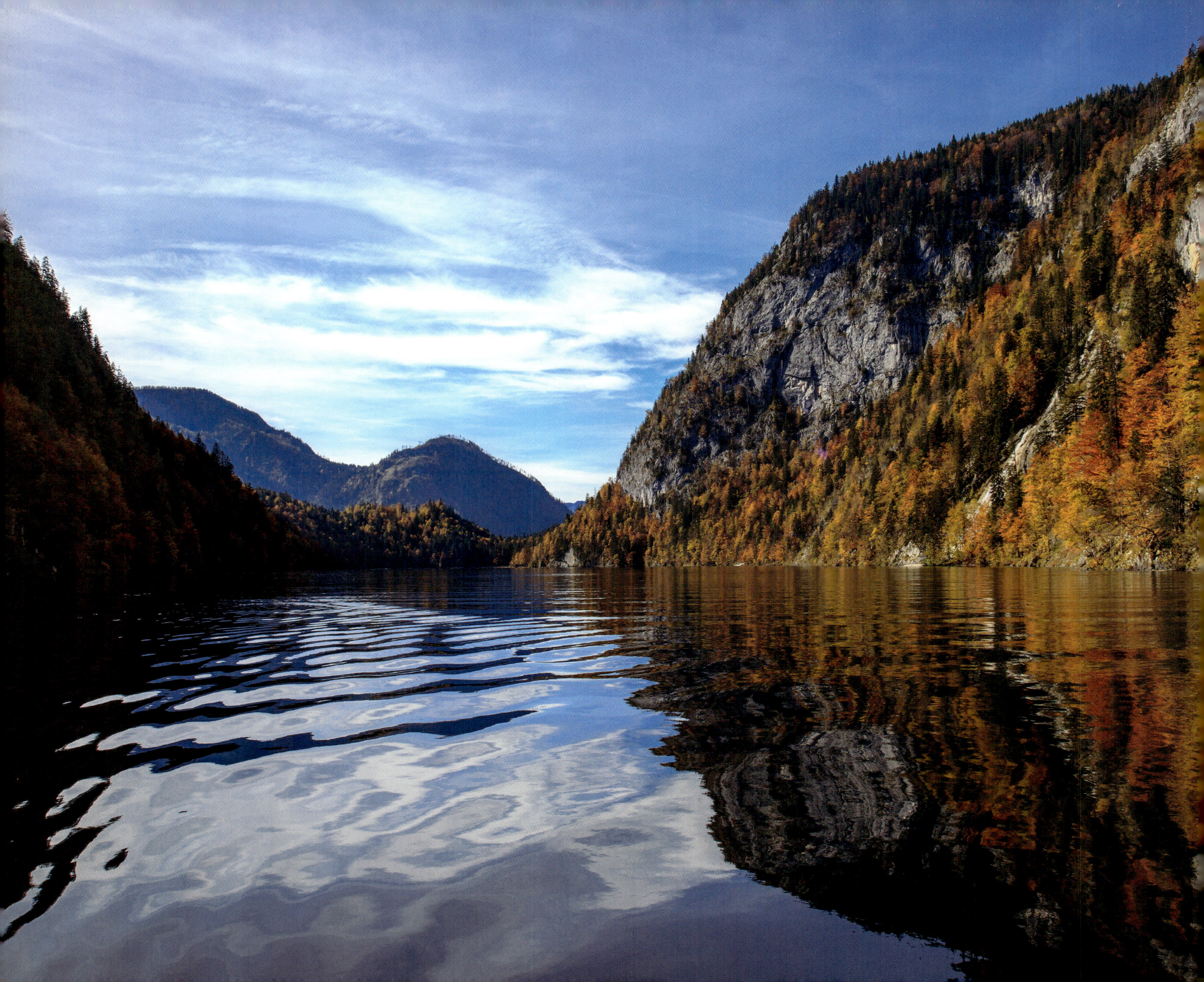

Die steilen Wandfluchten um den Toplitzsee setzen sich unter Wasser fort und verschaffen diesem kleinen Gewässer eine Tiefe von über 100 Metern. Ab 20 Metern Tiefe existiert im See kein Sauerstoff mehr und der Grund soll mit einer meterdicken Schlammschicht bedeckt sein.

Gespeist wird der Toplitzsee von zwei hohen Wasserfällen, die jedoch zu Fuß aufgrund der schwierigen Topografie nicht erreichbar sind. Nur von einem Boot aus kann dieses Naturschauspiel betrachtet werden.

WOLFGANGSEE

ST. GILGEN - ST. WOLFGANG - FALKENSTEIN - SCHAFBERG - STROBL - POSTALM - ZWÖLFERHORN - BLECKWAND - SCHWARZENSEE

St. Lorenz
Stockwinkl
Bergen
Au
Hochplettspitz
1134
Unterach
am Attersee
Kaisingen
Fasching
Menerweg
Dorf
Haslach
Forstamt
Gmauert
H
Waldach
Haslau
Hundsmarkt
Ruine
Wartenfels
(924) 1328
Schober
Frauenkopf
Drachenwand
Bachlehen
1060
Gries
Theklakapelle
Plomberg
Seehof
Waldwinkl
152
See
Au
Rochuspoint
(477)
Ellend
Weißenbach
am Attersee
Schobersten
1037
Thann
Schloss
Fuschl
Fuschlsee
Höfner-
häuser
158
Klausbach
Eibensee
(952)
154
Scharfling
Schst.
Wiesenau
Mühlleiten
Wiesenböck
Schst.
152
Camping
Burgau
Saglstube
Wald
Wiesenau
Fuschl
am See
(670)
Steinbach
Egelsee
Kienberg
Kreuzstein
Mühlauer Alm
Buchberghtt.
(1015)
Ober-
ackeralm
Unterburgau
Burgbachau
Filbling
1307
Brunn
Perfall
Jägerwirt
Ut.-
-ellmau
Ob.-
Kleiner
158
Zeppezau
Schmalnau
Schloss
Hüttenstein
Krotensee
Hüttenstein
Pucha
Eisenaueralm
Unterackeralm
Burggraben-
klamm
Lasseralm
Äußerer Weißenbach
Filblingsee
(1064)
Faistenau
(786)
Fischlehen
Höfern
Ramsau
Kurzmühle
Hochlackenhof
Pöllach
Brunnleiten
Aich
Brunnwinkl
Fürnberg
Schafberg
1782
Himmelpfortht.
Hot.
Schafbergspitze
Bhf.
Suissensee
Mittersee
Mönichsee
Moosalm
Meisterebenalm
1412
Breitenberg
Fachbergalm
Ht.-Haleswiesalm
Haleswiessee
Hatz
Irlreit
Kühleiten
Laim
St. Gilgen
(545)
Schafbergalm
Hst.
Naturfreundehtt.
Moosalm
Grafenalm
Pichleralm
Vd.-Haleswiesalm
Leonsbergalm
(1371)
Hamosau
Steg
Mitterholz
Keflau
Döller
Hochzeits-
kreuz
Ochsenkreuz
Falkenstein
750
Radauschalm
Bacheralm
Vordersee
Weißwand
Gams-
wandalm
Kühleithtt.
Wolfgangsee
(Abersee)
Ried
Vormauer Alm
Dittelbach
Schwarzensee
Rußbach
Saustallhütte
Grögernalm
Hintersee
(688)
Faistenauer Schafberg
1559
Zwölferhorn
1521
Franzosen-
schanze
Farchbachalm
Schst.
(548)
St. Wolfgang
im Salzkammergut
Kalvarienberg
Dentreitalm
Kösselfall
Gartenzinken
1557
Schafbachalm
Arnika Hütte
Farchen
Stockach
Gschwand
Bhf.
Schst.
Aschau
Krw.
Stubneralm
Reit
Oberasch
Pillsteinkopf
1478
Braunauer
Htt.
Illingerberg Alm
Hochebenalm
Brunn
Reith
Au
Graben
Rußbach
Radau
Kre
Schst.
Schwarzenbach
Langgassen
Bürgl
745
Bürglstein
Sueß
eserhörndl
1567
Latschen Alm-Htt.
Illingeralm
Hofwandalm
Abersee
Forsthub
Gschwendt
158
Marienhof
Ischl
Wirling
Taugl
1479
Illingerberg
Schst.
Strobl
(542)
Weinbach
Aigen
Windhag
Haiden
Anzenbergalm
Breitenbergalm
158
Lindau
Ahc
Hintersee
(746)
1249
Unterzagl
Feichtenstein
1260
Breitenberg
Vitz am Berg
Weißenbach
Ramsau
604
Nussensee
Reitlehen
Haberg
Kalter
Königsbergalm
Zinkenbach
Ghf.
Kleefeld
Wildens
Lämmerbach
(800)
(1329)
Bleckwandhtt.
Bleckwand
1541
Sparber
1502
Weißenbach
Mautstraße
Königsbachalm
Zinkeneckalm
Sonntagkaralm
Hainzen
1638
Katrinalm
(1413)
1695
Sattelalm
Bergalm
(1250)
Gruberalm
Wiesler Horn
1603
mittenstein
Neureithütte
Wieslerالm
(1361)
Thoralm
Bergwerkskogel
1781
Gennerhorn
1735
Genneralm
Wh.
Grundbichl
1764
Hoher Zinken
Pitschenberg
1720
Postalm
Simonhütte
Rinnkogel
1823
Weißenbac
Tauglboden
Strubklamm
Postalmhtt.
Strobler Htt.
Pitschenbergalm
Hochzinkenalm
Welser Htt.
Bruntalalm
Chorinskyklause
Christalm
Feuchter Keller
Retteneggħütte
Jochbauer
Wilhelmskpl.
Labenberg
1642
Einberg
Alm
Maut
Trattberg
1757
Hochwieskopf
1754
Moosberg-
sattel
1360
Braunedlkogel
1894
Gamsfeld
2027
Sonnwendkogel
1638
Goiser Hütte
0 1 2 3 km
© arbeitsgemeinschaft kartographie
Alpbichlalm
Seewaldsee
(1074)
1477
Alpbichl

WOLFGANGSEE

DER ABERSEE, DER ZUM WOLFGANGSEE WURDE

Die Legende erzählt von Bischof Wolfgang von Regensburg, der im Jahr 976 ins Mondseeland kam, um im dortigen Kloster nach dem Rechten zu sehen. Zu den Besitzungen des Klosters gehörten damals auch die Nordufer des nahe gelegenen Abersees, wo der Bischof auf seinen Erkundungen einen magischen Ort entdeckte. Hoch über dem See befand sich in der Falkensteinwand eine Höhle und er entschloss sich, dort für mehrere Jahre in der Einsamkeit zu leben.

Nach einer Weile fing er an, den Fischern zu predigen, und für einen durstigen Mitbruder ließ er aus einem Stein, den er mit seinem Stab berührte, eine Quelle entspringen. Die Geschichten, die man sich um die Wundertaten des Bischofs erzählte, häuften sich. Nachdem er gar den Versuchungen des Teufels widerstanden hatte, warf er vom Falkenstein sein Beil, um dort, wo es landete, eigenhändig eine Kirche zu bauen: das heutige St. Wolfgang. Den Menschen sagte er, dass er ihnen hier auch nach seinem Tod noch viel Gutes erweisen werde.

Kein Wunder also, dass bald viele Pilger an den Abersee strömten und sie nach und nach den Namen des Bischofs auch auf den See übertrugen. Zunächst hat man auf Karten das Gewässer noch mit beiden Namen verzeichnet, bis sich im 19. Jahrhundert schließlich ganz der Name Wolfgangsee durchsetzte. Die frühere Bezeichnung Abersee lebt heute aber noch in der gleichnamigen Ortschaft fort, die am Schwemmkegel des Zinkenbaches St. Wolfgang gegenüberliegt.

Der nach seinem Tod heilig gesprochene Wolfgang verhalf der Region schon früh zu einem regen Fremdenverkehr. Im Mittelalter zählte St. Wolfgang neben Rom, Aachen und Einsiedeln zu den vier bedeutendsten Wallfahrtsorten in Europa und jedes Jahr kamen Tausende Menschen, um hier für Heilung und Erlösung zu beten.

Im 19. Jahrhundert schwappte dann auch die Sommerfrische schnell auf den Wolfgangsee über. Durch seine Nähe zur Kaiserstadt Ischl war er einer der Ersten der großen Seen, die für ein unbeschwertes Leben während der Sommermonate adaptiert wurden. Als Zeichen für den Wohlstand des Wiener Bürgertums entstanden zahlreiche Sommerwohnungen und Villen. Einheimische gaben den vornehmen Leuten Radfahr- und Schwimmunterricht. Die drei Hauptorte des Wolfgangsees - St. Gilgen, St. Wolfgang und Strobl - wurden ab 1873 durch den Schiffsverkehr miteinander verbunden. Ein Nachbau des legendären Schaufelraddampfers „Kaiser Franz Josef I." dreht auch heute noch seine Runden.

Viele Berühmtheiten haben im traditionsreichen Gasthof zur Post bereits genächtigt. Mozarts Schwester Anna hat am 23. Aug. 1784 hier geheiratet.

Vom Zwölferhorn ziehen zwei Paragleiter nach St. Gilgen hinab.

ST. GILGEN UND DER BRUNNWINKL

Kommt man vom Mondseeland über die Scharflinger Höhe, erreicht man den Wolfgangsee an seinem Nordwestende bei St. Gilgen. Von der Anhöhe beim Hotel Billroth öffnet sich das erste Mal der Vorhang für einen wunderbaren Blick über den See. Die meisten fahren viel zu schnell vorbei und bemerken nicht, wie schön St. Gilgen sich unterhalb der Straße ans Ufer schmiegt.

Der für den Durchgangsverkehr gesperrte Ort weist viele interessante Plätze auf. Man schlendert am hübschen Rathaus vorbei, staunt über alte schmucke Villen, kehrt ein im traditionsreichen Gasthof zur Post und entdeckt unweit der Kirche ein berühmtes Geburtshaus. Eine Gedenktafel mit dem Abbild zweier Frauen verweist auf die einstigen Bewohner. Hier erblickte 1720 Anna Maria Pertl, die Mutter von Wolfgang Amadeus Mozart, das Licht der Welt. Später kehrte die ebenfalls musikalisch hochbegabte Schwester Mozarts -bekannt als „Nannerl" - nach St. Gilgen zurück, heiratete dort einen Nachfahren ihres Großvaters und wohnte im Geburtshaus ihrer Mutter.

Entlang dem Seeufer spaziert man vorbei am Strandbad in den schattigen Brunnwinkl. Diese von St. Gilgen etwas abgeschiedene Bucht gehört zu den romantischsten Plätzen, die man sich vorstellen kann. Der Brunnwinkl gleicht einem wild wuchernden Garten, in dem alte efeuumrankte Häuser stehen. Vieles sieht so aus, als hätte es sich seit der Zeit der Sommerfrische nicht verändert. Es ist nur etwas vergilbt.

Der Weg schlängelt sich an einer großen, von einer Rundbank umbauten Linde vorbei, die 1887 vom Verhaltensforscher Karl von Frisch gepflanzt worden war. Seine Eltern, Anton und Marie Frisch, erwarben im Brunnwinkl eine Mühle und mehrere Häuser mit schönen Gärten. Karl fand hier die Ruhe, um nach vielen Jahren der Forschung die komplizierte Sprache der Bienen zu entschlüsseln. Seiner Arbeit, die ihm später den Nobelpreis einbrachte, kann man im Heimatmuseum St. Gilgen nachspüren.

ÜBER DEN FALKENSTEIN NACH ST. WOLFGANG

Der Weg ist in Brunnwinkl nicht zu Ende, sondern führt direkt am See entlang nach Fürberg. Hier trifft man auf den alten Pilgerweg, der vom Mondsee kommt und der am unverbauten Nordufer über den Falkenstein nach St. Wolfgang führt. Auch ohne religiöse Ambitionen ist diese Wanderung überaus lohnend, zudem man von St. Wolfgang bequem mit dem Schiff nach St. Gilgen zurückkehren kann.

Auf dem legendenumwobenen Pfad trifft man auf verschiedene Andachtsstätten. Gleich nach der Badebucht von Fürberg kommt man am Ochsenkreuz vorbei, das auf einer winzigen Insel im See steht. Ein Bauer soll einst im Winter mit seinem Vieh durch das Eis gebrochen sein und auf dem Rücken eines Ochsen

St. Gilgen hat eine lange Geschichte. Viele historische Gebäude - wie das Rathaus mit dem Mozartbrunnen - lassen sich bei einem Rundgang erkunden.

Mozarts Mutter wurde in St. Gilgen geboren und seine Schwester Anna hat lange hier gelebt. Im Mozarthaus kann man dieser Geschichte nachspüren.

Ein beliebtes Fotomotiv ist das Ochsenkreuz auf dem Weg zum Falkenstein. Ein Bauer soll hier einst im Winter mit seinen Ochsen durch das Eis gebrochen sein.

wieder festen Boden erreicht haben. Als Dank für seine Rettung errichtete er diesen schönen weiß gekalkten Gedenkstein.

Nach dem Ochsenkreuz windet sich der Weg hinauf zum Falkensteinkircherl, das direkt an eine natürliche Höhle angebaut worden ist. In ihr befindet sich ein geheimnisvoller Schliefstein, von dem es heißt, dass Pilger, die durch ihn hindurchschlüpfen, von Krankheiten und Sünden befreit werden. Die kleine Kapelle erinnert an die Einsiedelei, in der der heilige Wolfgang viele Jahre gelebt haben soll.

Den höchsten Punkt der Wanderung erreicht man oberhalb der Kapelle beim Scheffelblick, einer kühnen Felskanzel über der 250 Meter hohen Falkensteinwand. Man blickt wie aus einer Loge heraus über den glitzernden See. Von hier holte der Bischof zum großen Wurf aus und schleuderte sein Hackl vier Kilometer weit an jene Stelle, an der er dann eine Kirche errichtete.

ST. WOLFGANG - SEIN BERÜHMTER ALTAR UND DAS WEISSE RÖSSL

Der hier beschriebene Weg über den Falkenstein ist sicher die schönste Art, sich dem alten Wallfahrtsort St. Wolfgang anzunähern. Auf genau diesem Weg kamen seit vielen Jahrhunderten Tausende Pilger zu ihrem Heiligtum. Schon von weitem sieht man den weißen Turm der spätgotischen Kirche, die direkt am See steht. Ob die Grundsteine aber tatsächlich vom heiligen Wolfgang im 10. Jahrhundert gesetzt worden sind, bleibt Legende; erstmals urkundlich erwähnt wird die Kirche erst 1183.

Im 15. und 16. Jahrhundert erreichte die Wallfahrtspraktik ihren Höhepunkt und aus jener Zeit stammen auch bedeutende Kunstschätze, mit denen das Gotteshaus ausgeschmückt worden ist. 1471 beauftragte man den Südtiroler Michael Pacher, den größten Meister der Spätgotik, mit der Herstellung eines Flügelaltars. Fast zehn Jahre lang hat er in seiner Werkstätte in Bruneck gearbeitet, bis er eines seiner größten Werke vollendete. In seinen Einzelteilen wurde der Altar über die Alpen nach St. Wolfgang geschafft und dort penibel wieder zusammengebaut. Originalgetreu steht er bis heute an seinem Platz und bringt jeden Betrachter zum Staunen. Weitere Kostbarkeiten der Kirche, wie die Kanzel, der Schmerzensmann und andere Altäre, stammen von Meinrad Guggenbichler und Thomas Schwanthaler.

Am Vorplatz der Pfarrkirche steht der Pilgerbrunnen, der seit dem 16. Jahrhundert unzähligen Gläubigen sein heilsames Wasser spendet. Auch er ist wie der Pacher-Altar ein Meisterwerk und kunsthistorisch besonders wertvoll. Aus Glockenmetall gegossen, stellt er ein überaus detailreiches Gebilde dar mit der Statue des heiligen Wolfgangs als Abschluss.

Neben der langen Tradition als Wallfahrtsort wurde St. Wolfgang Anfang des 20. Jahrhunderts vor allem durch das Gasthaus zum Weißen Rössl bekannt, das ursprünglich

Frühling in St. Wolfgang. Seit vielen Jahrhunderten zieht es Pilger aus ganz Europa zu diesem geschichtsträchtigen Ort.

Nicht viel jünger als der berühmte Pacheraltar im Inneren der Kirche von St. Wolfgang ist der gotische Pilgerbrunnen. Bereits 1515 wurde er von einem Passauer Meister aus Glockenmetall gegossen.

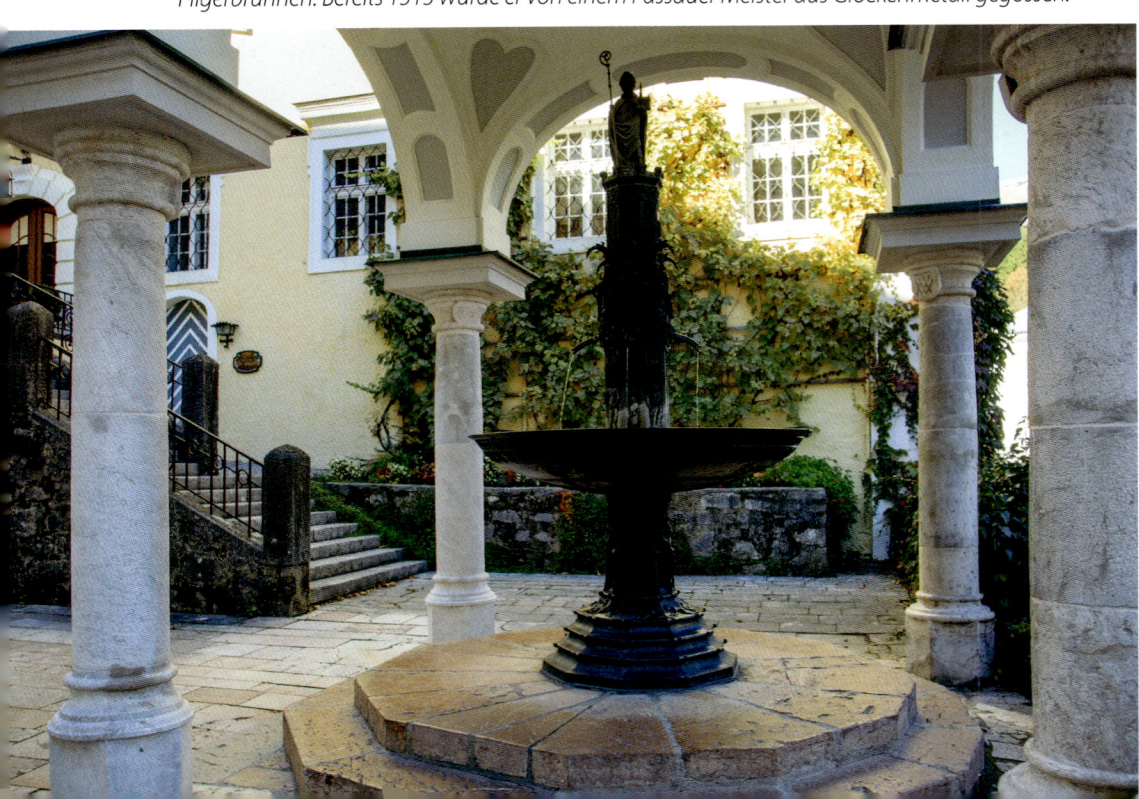

ja in Lauffen bei Bad Ischl stand. Dort ließ sich Oskar Blumenthal von der gewitzten Wirtin und ihrem Oberkellner zur Dichtung eines Lustspiels inspirieren, das 1897 in Berlin seine Premiere feierte. Durch Ralph Benatzkys Neuinszenierung zur Operette wurde das" Weiße Rössl" 1930 schließlich zum Welterfolg und der Schauplatz an den Wolfgangsee verlegt. Die damalige St. Wolfganger Rösslwirtin Antonia Drassl reiste selbst durch ganz Europa, um für ihren Hotelbetrieb Werbung zu machen. Das lohnte sich, denn bald kamen Schauspieler, Prominente und Touristen in Scharen, um selbst am Ort des Geschehens zu sein. Mehrmals wurde das Lustspiel „Im weißen Rössl" verfilmt. Es avancierte in den 60-er Jahren mit Peter Alexander und Waltraud Haas in den Hauptrollen zum Klassiker.

Eine Einkehr im Hotel „Weißes Rössl" gehört daher für jeden, der nach St. Wolfgang kommt, zur Pflicht. Von der Rösslterrasse hat man einen herrlichen Blick über den See, kann dem Treiben der Schiffe zusehen und bei einem guten Glas Wein in alten Zeiten schwelgen.

HOCH ÜBER DEN SEEN - DER SCHAFBERG

Wenn man schon in St. Wolfgang weilt, sollte man auch den Schafberg besteigen. Er gilt als zentraler Aussichtspunkt, von dem man auf das nördliche Salzkammergut wie aus der Vogelperspektive blickt. Ihm zu Füßen liegen drei der großen Seen - der Wolfgangsee, der Mondsee und der Attersee. Bei klarer Sicht kann man von seinem Gipfel aber insgesamt 14 der Salzkammergut-Seen ausmachen, so viele wie von keinem anderen Berg. Sein markanter Steilabbruch zum Mondsee macht ihn zu einem unverwechselbaren Wächter über die Region.

Eine weitere Attraktion, die den Schafberg zu etwas Besonderem macht, ist die Zahnradbahn, die als technische Meisterleistung gilt und seit 1893 unermüdlich Touristen auf den Gipfel bringt. An der weiten Südflanke des Berges überwindet sie auf 5,85 Kilometer einen Höhenunterschied von knapp 1200 Metern. Zeitgleich mit der Salzkammergut-Lokalbahn, die die lang ersehnte Verbindung zwischen Salzburg und Bad Ischl herstellte, wurde sie mit vereinten Kräften in nur einem Jahr Bauzeit fertiggestellt.

Von St. Wolfgang aus schnauben sich die Dampflocks in 45 Minuten hinauf zur Bergstation, womit auch jeder Nicht-Bergsteiger zur unüberbietbaren Aussicht kommt. Wer aber dem allgemeinen Rummel an schönen Sommer-Wochenenden entgehen will, quartiert sich am besten im ältesten Berghotel Österreichs ein und bekommt dafür auch noch das unvergessliche Erlebnis eines Sonnenaufgangs am Gipfel.

Echten Wanderern bieten sich für einen Aufstieg von St. Wolfgang aus drei verschiedene Wege an, die alle ihre Reize haben. Besonders schön ist jener über die Vormaueralm zum kleinen Mönichsee. Trittsicheren Gehern ist der Purtschellersteig zu empfehlen, der unterhalb der Spinnerin durch eine Steilwand führt. Alternativ kann man natürlich auch nur bergwärts die Zahnradbahn nehmen, um dann auf einem der drei Wege gemächlich nach St. Wolfgang abzusteigen.

Seit 1893 dampft die Zahnradbahn die steilen Hänge des Schafbergs hinauf. Ihre Errichtung gilt für die damalige Zeit als technische Meisterleistung.

Rund um den Schafberg finden sich viele schöne Almen, wie hier die über St. Wolfgang gelegene Vormaueralm.

Strobl am Ostende des Wolfgangsees war durch seine Nähe zu Bad Ischl schon früh ein beliebter Sommerfrischeort.

Zu einem Highlight in Strobl gehört der Panoramaweg um den Bürglstein, eine Steiganlage, die teilweise direkt über das Wasser führt.

STROBL, DER BÜRGLSTEIN UND DAS BLINKLINGMOOS

Etwas im Schatten von St. Wolfgang liegt am Südostende des Wolfgangsees der Ort Strobl. Angeblich bedeutet der Ortsname „Strubbeliger Mann" und geht auf eine wohlhabende Familie im 14. Jahrhundert zurück, die hier mehrere Besitztümer erwarb. Obwohl Strobl weder Wallfahrer anzog noch ein Weißes Rössl hat, lohnt allemal ein Besuch. Auf den Holzbänken der malerischen Seepromenade sitzend, kann man wunderbar ins Träumen kommen. Fast hat der Alpensee - von Strobl aus gesehen - etwas Mediterranes, vor allem wenn seine sich hier weitende Bucht in allen Türkis- und Blauschattierungen in der Nachmittagssonne glänzt. Zudem soll die Wassertemperatur von allen Salzkammergutseen bei Strobl am wärmsten sein, was nicht nur die nahen Ischler als häufige Badegäste an den See lockt.

Für den genussvollen Wanderer bietet sich ein Rundweg um den Bürglstein an, einen kleinen bewaldeten Hügel im Norden von Strobl. Gewiss kein Geheimtipp, dafür aber für jeden machbar und besonders lohnend. Man startet bei der Schiffsstation, passiert schöne Bootshäuser und begeht dann einen Holzsteg, der einen Meter über dem Wasser an eine Felswand gebaut worden ist. Auf ihm spazierend kann man nicht nur die Fische beobachten, sondern genießt auch einen herrlichen Panoramablick. Von Strobl über die Postalm-Berge im Süden bis nach St. Wolfgang reicht die Aussicht.

Schon eher ein Geheimtipp als der Bürglstein ist das Naturschutzgebiet Blinklingmoos, eine winzige Moorlandschaft gleich hinter dem Gemeindebad von Strobl. Als Abwechslung zum Faulenzen auf der Liegewiese bietet sich eine naturkundliche Exkursion an. Genau genommen ist das Blinklingmoos ein bestens erhaltenes Hochmoor, das bereits vor 10.000 Jahren entstanden ist. Die ausklingende Eiszeit hat durch wasserstauende Schichten einen acht Meter dicken Torfkörper hinterlassen, auf dem bis heute viele seltene Pflanzenarten gedeihen. Eine Besonderheit ist außerdem, dass man bei einem Rundweg teilweise dem alten Bahndamm der historischen Salzkammergut-Lokalbahn folgt, die bis zu ihrer Auflassung 1957 direkt durch das Moor führte.

Blick vom Zwölferhorn hinab auf die Straßen und Wege der Illingeralm.

Das weitläufige Gebiet der Postalm gilt als Wanderparadies. Viele schöne Almen laden entlang der Wege zur Rast ein.

WANDERN AM WOLFGANGSEE: ZWÖLFERHORN, POSTALM, BLECKWAND, SCHWARZENSEE

Alle lohnenden Wanderungen am Wolfgangsee anzuführen würde den Rahmen dieses Buches sprengen. Einige Empfehlungen seien aber trotzdem gegeben. Neben den bereits erwähnten Touren über den Falkenstein und die am Schafberg könnte man auch dem Zwölferhorn bei St. Gilgen einen Besuch abstatten. Keine Zahnradbahn aber dafür eine nostalgische Kleinkabinenbahn führt direkt vom St. Gilgener Ortszentrum bis unterhalb des Gipfels. Das hat den Vorteil,

WOLFGANGSEE

dass man seine Energie für den Panoramarundweg gespart hat, eine Genusswanderung, die auf einem breiten Rücken vom Gipfel des Zwölferhorns zur Pillsteinhöhe hinüberführt. Auf Rastbänken kann man sich dabei immer wieder der herrlichen Aussicht erfreuen. Wer noch zusätzliche Kräfte hat, kann zur Illinger Alm absteigen und, nachdem man sich dort gestärkt hat, eine weitere Runde anhängen. Der Illinger-Alm-Rundweg bietet die Gelegenheit, sich auf acht Schautafel-Stationen nicht nur über die Almwirtschaft zu informieren, sondern sie auch zu erleben.

Die Almen um den Wolfgangsee gehören überhaupt zu den schönsten im Salzkammergut. Es gibt unzählige kleine ringsum an den Abhängen der Berge aber auch eine ganz große. Von Strobl aus führt eine Mautstraße hinauf zur Postalm, einer 42 Quadratkilometer großen Almlandschaft. Durch den enormen Holzbedarf der Salinen wurden die Wälder auf diesem 1300 Meter hoch gelegenen Plateau schon im Mittelalter abgeholzt und es entstand die nach der Seiseralm in Südtirol größte Hochalm Europas. Ihr Name kommt aus einer Zeit, in der die Ischler Postpferde dort die Sommer verbrachten.

Für Wanderer bietet die Postalm fast unbegrenzte Möglichkeiten. Als Teil der weitläufigen nicht verkarsteten Osterhorngruppe finden sich viele sanfte und saftig grüne Bergkuppen. Das Wieslerhorn, der Pitschenberg oder der Braunedelkogel sind leichte lohnende Touren, besonders im späten Frühjahr, wenn auf den Wiesen ein Meer aus bunten Almblumen gedeiht. Von rund 2000 Kühen und Schafen wird die Postalm noch jedes Jahr beweidet. Will man den Wolfgangsee von oben in seiner ganzen Länge sehen, sollte man eine andere schmale Mautstraße nehmen, die in der Nähe von Abersee auf eine Alm unterhalb der Bleckwand führt. Nur eine Stunde benötigt man dann als Wanderer zum Gipfel hinauf, um zur Augenweide dieses grandiosen Tiefblicks zu kommen. Am Schafberg gegenüber kann man wie einen Spielzeugzug die schnaubende Zahnradbahn erkennen. Dort, wo sich in Scharen knipsende Touristen tummeln, ist es auf der Bleckwand doch um einiges ruhiger. Beim Abstieg entlang des Bergrückens kommt man noch am „Ofenloch" - einem natürlichen Felsfenster - vorbei, geht weiter zur Bleckwandhütte und beschließt damit eine fabelhafte Rundtour.

Abschließend sei noch der in einem Taleinschnitt zwischen Vormauerstein und Hoheneck gelegene Schwarzensee erwähnt. Umgeben von kühlen Mischwäldern träumt der fischreiche Bergsee in aller Ruhe vor sich hin und ist ideal, um nach einer gestressten Arbeitswoche durchzuatmen. Mit dem Auto erreicht man ihn von Strobl über die kleine Ortschaft Rußbach bis zu einem am See gelegenen Parkplatz. Für den Rundweg muss man etwa zwei Stunden veranschlagen. Abschließend kann man im Gasthaus „Zur Lore" herrlich im Gastgarten sitzen. Wer mehr tun möchte, kann sich zum Schwarzensee auch direkt von St. Wolfgang oder vom Bürglstein her auf den Weg machen.

WOLFGANGSEE

Hinter dem Vormauerstein liegt etwas versteckt der naturbelassene Schwarzensee. Auf einer Rundwanderung findet man viel Ruhe und kann im klaren Wasser die Fische beobachten.

WOLFGANGSEE

ST. GILGEN

Ein wunderbarer Blick über den Wolfgangsee ergibt sich von der Straße aus etwas oberhalb von St. Gilgen. Die Ende Oktober bereits schneebedeckten Berge im Hintergrund gehören zum Postalmgebiet.

WOLFGANGSEE - BRUNNWINKL

In einer kleinen Bucht am Nordrand von St. Gilgen befindet sich der Brunnwinkl, einer der romantischsten Plätze am Wolfgangsee. Viele der alten Häuser sind Zeugen der einstigen Sommerfrischegesellschaft. Es ist, als hätte sich seither kaum etwas verändert. Die Schriftstellerin Marie von Ebner-Eschenbach hat hier ihre Inspirationen gefunden und der Zoologe Karl von Frisch die Sprache der Bienen entdeckt. Eine Linde mit einer Rundbank lädt zum Verweilen ein. Es heißt, dass sie Karl von Frisch persönlich 1887 im Brunnwinkl gepflanzt haben soll.

WOLFGANGSEE

FÜRBERG

Spaziert man vom Brunnwinkl weiter den See entlang, kommt man in die weite Bucht von Fürberg. An einem Frühlingsmorgen hängen auf der gegenüberliegenden Seeseite über St. Gilgen und dem Zwölferhorn noch Nebelfetzen.

WOLFGANGSEE

Eine lohnende Wanderung führt von Fürberg über den Falkenstein nach St. Wolfgang. Auch die Wallfahrer nahmen seit jeher diesen Weg. Vom Falkenstein - dem Scheitelpunkt dieser Wanderung - hat man einen schönen Blick über den See.

FALKENSTEIN

Etwas unterhalb des Falkensteingipfels erinnert das Falkensteinkircherl an die einstige Eremitage des heiligen Wolfgang. Sie ist direkt an eine natürliche Felshöhle angebaut, in der sich der sogenannte Schliefstein befindet, ein enger Durchschlupf, der den Pilgern Glück bringen soll.

WOLFGANGSEE

ST. WOLFGANG

Seit dem Mittelalter ist St. Wolfgang das Ziel vieler Wallfahrer, die sich hier eine Linderung von Sünden und Krankheiten erhoffen. Auf der anderen Seeseite ragen der Rettenkogel und der markante Sparber auf.

WOLFGANGSEE

Der Tourismus spielt in St. Wolfgang schon lange eine große Rolle. Kaum ein Reisender, der hier nicht Halt macht, um die zahlreichen Sehenswürdigkeiten auf sich wirken zu lassen. Zum Mindesten gehört ein Besuch der Kirche mit ihren hervorragenden Kunstschätzen.

ST. WOLFGANG

Weltberühmt wurde St. Wolfgang durch das „Weiße Rössl", ein Lustspiel, das bereits in den 30-er Jahren des 20. Jahrhunderts zu einem Riesenerfolg wurde. Der Schauplatz des Stücks - das Hotel „Weißes Rössl" - steht noch immer am selben Ort und zumindest auf einen Kaffee auf der Seeterrasse sollte man sich Zeit nehmen.

WOLFGANGSEE

Wer schon einmal in St. Wolfgang weilt, sollte mit der Zahnradbahn auch auf den Schafberg hinauffahren. Direkt an der Kante des Steilabbruchs steht das älteste Berghotel Österreichs.

SCHAFBERG

Eine kurze Wanderung führt von der Schafbergspitze hinüber zur Spinnerin, einer markanten Felsnase, die nach Norden hin mehrere hundert Meter tief abbricht.

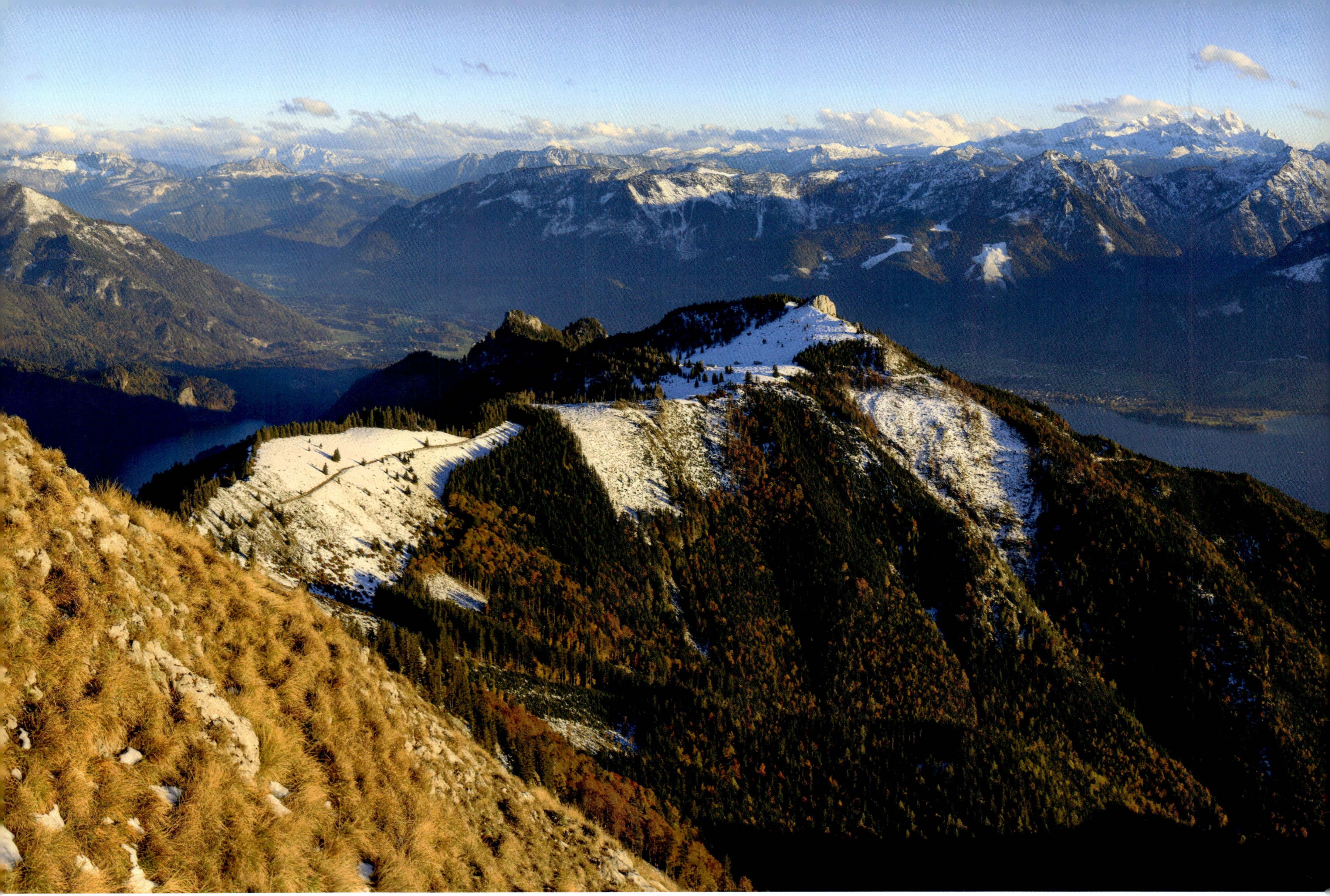

Der Schafberg gilt als der aussichtsreichste Berg im Salzkammergut. Seine zentrale Lage zwischen den großen Seen gewährt dem Besucher eine außergewöhnliche Rundschau. Nach Süden reicht der Blick über den Wolfgangsee hinweg bis zum Dachstein.

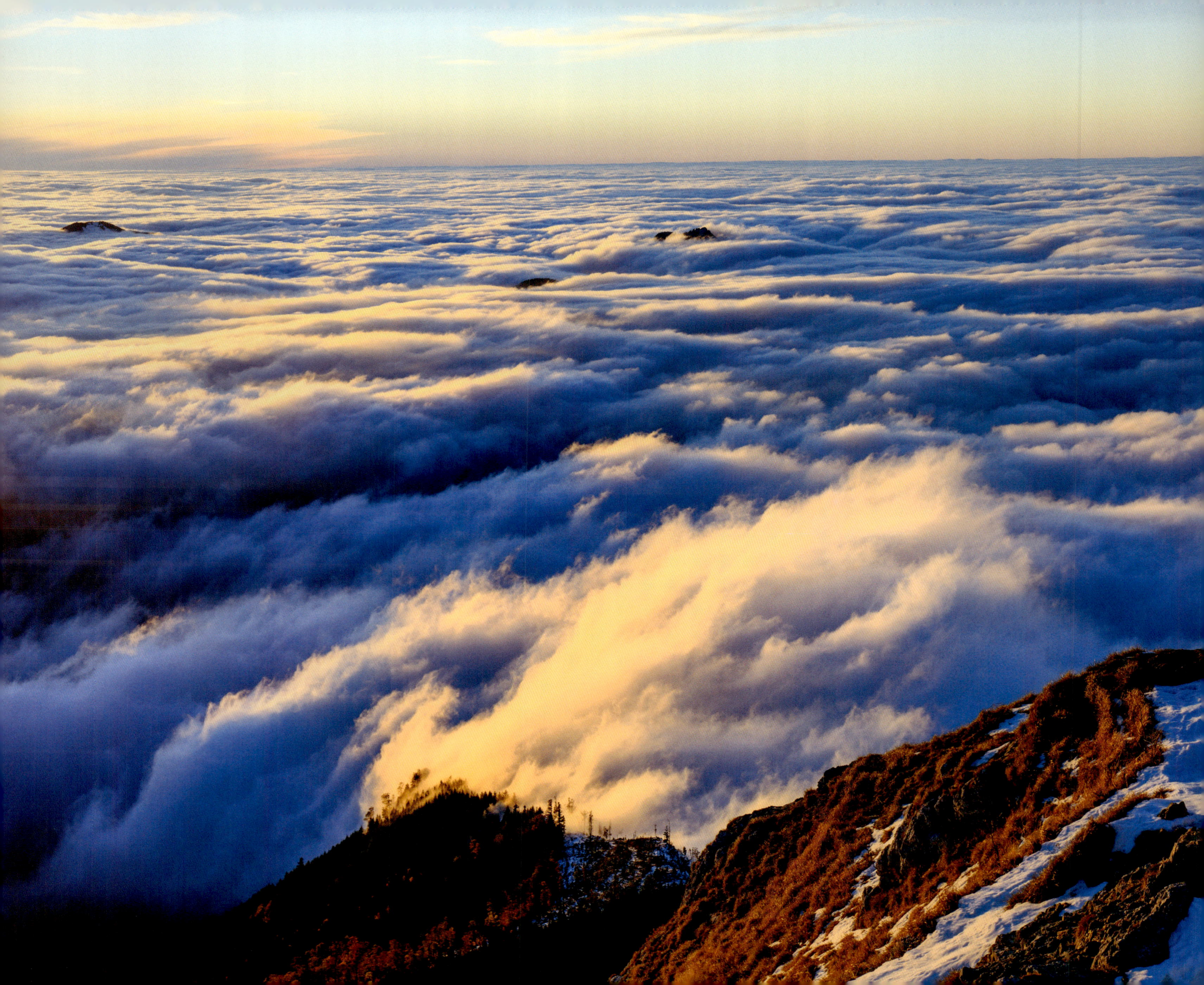

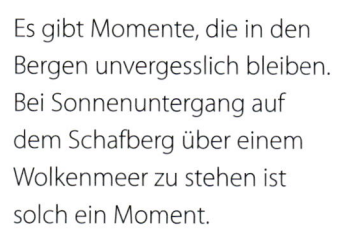

SCHAFBERG

Es gibt Momente, die in den Bergen unvergesslich bleiben. Bei Sonnenuntergang auf dem Schafberg über einem Wolkenmeer zu stehen ist solch ein Moment.

WOLFGANGSEE

Schwindelfreie Wanderer können vom Schafberg über den Purtschellersteig nach St. Wolfgang absteigen.
Von mehreren Wegen die auf den Schafberg hinauf und hinunter führen ist er der anspruchsvollste.

SCHAFBERG

Einer der drei Schafbergseen ist der Mönichsee, der östlich der Steilabbrüche liegt. Im schattigen Wald, der ihn umgibt, legt man gerne eine Rast ein.

WOLFGANGSEE

Auf dem Panoramaweg um den Bürglstein genießt man einen schönen Blick auf Strobl.
Hinter dem Ort erhebt sich der Rettenkogel.

Noch immer sind am Wolfgangsee viele Uferabschnitte unbebaut. Eine Besonderheit jedoch ist das zur Gemeinde Strobl gehörende Naturschutzgebiet Blinklingmoos, ein Moorgebiet mit vielen seltenen Pflanzenarten.

WOLFGANGSEE

STROBL

Vom Strandbad Strobl aus verdoppeln sich im ruhigen Wasser der Schafberg und der Vormauerstein. Am Fuß der Berge glänzt St. Wolfgang im letzten Abendlicht.

WOLFGANGSEE

ZWÖLFERHORN

Der beliebteste Ausflugsberg am Wolfgangsee ist neben dem Schafberg das Zwölferhorn. Von St. Gilgen aus mit einer Seilbahn erreichbar, wird man mit einem großartigen Ausblick belohnt. Auf dem Panoramarundweg gelangt man auf einem grasigen Rücken leicht zur Pillsteinhöhe und wieder zurück.

WOLFGANGSEE

POSTALM

Auf die Postalm hinauf gelangt man über eine Mautstraße bei Strobl. Nach der Seiseralm in Südtirol ist sie das zweitgrößte Almgebiet der Alpen. Verschiedene Rundwanderwege bieten für jeden Naturliebhaber ein reiches Betätigungsfeld. Hier im Bild die Schafbergblickalm mit dem Wieslerhorn im Hintergrund.

WOLFGANGSEE

BLECKWAND

Wer den Wolfgangsee in seiner ganzen Länge uneingeschränkt überblicken will, sollte auf die Bleckwand steigen. Rund eine Stunde Gehzeit ist es vom Ende der Mautstraße, um am Gipfel in den Genuss dieses Panoramas zu kommen.

TRAUNSEE

GMUNDEN - SCHLOSS ORT - TRAUNSTEIN - TRAUNKIRCHEN - EBENSEE - FEUERKOGEL - LANGBATHSEEN - OFFENSEE

Halbmoos
Neubacher
815
Kronberg
Lixlberg
Innergrüb
Hst.
145
Buchen
Traunleiten
Krw.
Leitenbauer
Moosham
Gschwandt
Hst.
768
Himmelreich
Hinterbuchegg
Bäckerberg
Hst.
Kai
Gastachmühle
Rabesberg
Schobersberg
Im Fleck
Tastelberg
Schl.
Baumgarten
120
Oberdürrau
Traundorf
Krottensee
Unterm Wald
Lahnermühle
Hacklberg
789
Steinfeld
Pinsdorf
Bhf.
Hst.
Waldbach
Wurzenhütten
Kranichsteg
Gmunden
Schlagen
Flachberg
790
Viechtwang
973
Alpenberg
943
Hongar
(440)
Schst.
Bhf.
Weyer
Edt
Reith
Hst.
Hammerschmied
Wasserfeldsdlg.
Haselberg
Brandstatt
St. Konrad
Kotbach
Haslgraben
Hölzl
Großkufhaus
Aurach
Landes-Krankenhaus
Gmundnerberg Haus
Schloss Orth
Nach der Laudach
Wessenaurach
Mülnerhal
Oth
Schst.
Haid
Schloss
euzing
Wessenaurach
Gmundner Berg
Schst.
Pühret
120
Scharnstein
Kling
Weberberg
Altmünster
Dürrnberg
Spitz
Dorf
Höltalstube
Igling
Berndlberg
(442)
Hot. Grünberg
984
Klamm
Mayrhof
Mühldorf
Bhf.
Rumpling
Schloss
Schst.
Grünberg
Wolmleiten
Flugfeld
(520)
Kienesweg
Reindlmühl
Traunstein
1036
Oed
Ebenzweier
Matzing
Richtberg
Traxlach
Bhf.
Schst.
Grubbach
Hochsalm
Ghf. Reschn
Schneckenberg
Whs.
Ramsau Alm
Hst.
Grasberg
Am Hof
Laudachsee Alm
Laudachsee
Steineck
1405
Aurachberg
(895)
1418
Häusern
Ghf. Hois'n
Gangjodl
1691
Mehlgraben
Schst.
In Feichta
Kl.-aurachberg
Eben
Traunstein
Gemauerte Stube
1158
Wildpark
(959)
Pühret
Traunsteinhtt.
Redlmühl
Hochkreut
Durchgang
Almegg
Viechtau
(1575)
Mair Alm
Dornleiten
Neukirchen
Zwillingskogel
Wändt
Reith
Ifang
Viechtau
(789)
Enzenbachmühle
(566)
145
1402
Kollmannsberg
Taufel
957
Hochkogel
Bhf.
Brettermoos
Krankenhaus
Grünau im Almtal
In der Lahn
Peißing
1486
Ghf. Windlegern
Mühlbach
Mitterndorf
Bhf.
Vorderer Rinnbach
(528)
Glinserhtt.
Obere Höll
Mühlbachberg
Rottenstein
Forsthaus Klause
Winkl
Berghof
Rinnbach
(717)
Schst.
Rod
Peham
Rabenbrunn
Hst.
Traunkirchen
Karbachstube
Hochberghaus
Ghf. Kreh
Farrenaubühel
Vd. Langbathsee
Whs. Hochsteinalm
(433)
Siegesbach
Gaßlkogel
1287
Heckenau
Sporthotel
Karbach
Farrenauhütte
Jagdschloss
923
1411
Grünauer Boden Htt.
Ht. Langbathsee
Wehrstube
Langbathbach
Sonnsteinhütte
Kl.
(Schst.)
Gaßl Tropfsteinhöhle
Fischernau
Sonnstein
Gr.
Röthelseehöhle
Tennalm (1365)
Pledi Alm
1037
Röthelsee (unterirdisch)
Zwieseleck
Schafluckensteig
Bachhütten
Auinger
Alberfeldkg.
Feuerkogel
1325
1707
1680
1592
Kohlstatt
Unt.
Trauneck
Grünangerl
Sepp Huber-Hütte
kogel
Eiblgupf
Feuerkogelseilbahn
Brunnkogel
1813
Kranabethsattelhtt.
Schst.
1025
(1506)
Hst.
langbath Ob.
Rindbach
Kasbe
1779
Riederhtt. (1752)
1633
Ebensee
1747
Fb.
(443)
Donnersteinhtt.
Alm
Gr. Höllkogel
Helmeskogel
Roith
Steinbergalm
Haselwaldstube
Steinbergstube
Auerbach
1862
Bhf.
Eibenberg
Steinberg
Jagdschloss Auerbach
Plankenau
1458
1598
Langwies
Finkerleiten
Steinbergwände
Ghf. Jagersimmerl
Habernau
Hst. Steinkogel
Griesenecksbach
Brunnkogel
Kreuzeck
Ascherstube
Moosau
1508
1306
Schwarzenbrunn
Saline
Lahnstein
Krw.
Offenseebach
Seeklause
Hetzau
Hst.
Offensee
Dielleiten
Gimbach
145
1240
Offensee
Gschirreck
Almta
Bromberstüberl
1410
Almsee
Bhf. Langwies
Brombergalm
Gschirrhütte
0 1 2 3 km
1430
Jagdschloss
Ghf. Seehaus
Petergupf
© arbeitsgemeinschaft kartographie
1646
(591)
Niedere Mitterreckeralm
Bergwerkkg.
761
1689
Weißhorn

LACUS FELIX - DER GLÜCKLICHE SEE

Man weiß, dass bereits die Römer am Traunsee siedelten und sie dem See den Namen „Lacus Felix" gaben. Bereits sie erkannten in ihm eine Ideallandschaft und ließen sich von seiner wunderbaren Wirkung inspirieren. Kommt man als Reisender heute an den Traunsee, kann man diesen „glücklichen See" in ihm noch immer erkennen, auch wenn sich der Zeitgeist gewandelt und man manches differenzierter sehen mag. Die Komposition der Landschaft aber ist im Grunde dieselbe geblieben. Seine grünblau schimmernden Fluten sind erfrischend klar, seine Berge ringsum von erhabener Schönheit, dazu eine mondäne Kurstadt und eine Insel, auf der ein Schloss steht. Wohl keiner, der angesichts dieser Begebenheiten nicht ins Schwärmen kommt.

Schon von weitem grüßt im Norden der imposante Traunstein ins Alpenvorland und kündigt wie kein anderer den Eintritt ins Salzkammergut an. Der Wink seiner schroffen Felswände wirkt brachial und verstärkt sich, je näher man kommt. Taucht dann der große klare See auf, ist man endgültig überzeugt von der Schönheit des Salzkammerguts. Gegen Süden, am anderen Ende des Sees, erkennt man in der Berggestalt des Erlakogels die Silhouette einer sanft ruhenden Frau - der „schlafenden Griechin" - die diese Landschaft zum Mythos werden ließ.

Ein Mythos, der die Sommerfrischler des 19. Jahrhunderts in Scharen an den Traunsee zog. Der Adel und das Wiener Großbürgertum fanden hier zur Enge der Großstadt einen geeigneten Ruhepol und einen entspannenden Treffpunkt unter Gleichgesinnten. Nach dem durch die Aufklärung vollzogenen Sinneswandel verspürte man eine romantische Sehnsucht zurück zur Natur. Die lange Anreise mit der Pferdeeisenbahn von Wien nach Gmunden nahm man dazu in Kauf, da man dafür ja den ganzen Sommer lang blieb. Zahlreiche Wohnhäuser und Villen entstanden, vor allem um Gmunden, wo man auch auf viele von Wien her gewohnte Annehmlichkeiten nicht verzichten musste.

Bereits 1839 nahm der erste Schaufelraddampfer auf einem österreichischen Binnensee seinen Betrieb auf. Das in England konstruierte und nach der Erzherzogin Sophie benannte Dampfschiff war damals die einzige Möglichkeit, von Gmunden nach Ebensee zu gelangen. Eine Straße gab es noch nicht, denn zu abweisend waren an beiden Seiten des Sees die Felswände. Bis zur Fertigstellung der Salzkammergutbahn 1877 nahm auch Kaiser Franz Joseph I. jeden Sommer das Schiff über den Traunsee, um zu seinem geliebten Ischl zu gelangen. Der Raddampfer „Gisela", der 1871 in Betrieb ging, verkehrt noch heute und lässt einen fast noch reisen wie damals.

In den Nachkriegsjahren setzte langsam der Fremdenverkehr ein, der Ausdruck einer aufstrebenden Mittelschicht war. Nun war ein kurzweiliger Urlaub am Traunsee auch für den Normalbürger erschwinglich geworden, um ebenso wie die einst elitäre Sommerfrische-Gesellschaft in den Genuss dieser herrlichen Landschaft zu kommen. Der Mythos, der diesen mit 191 Metern tiefsten und zweitgrößten See im Salzkammergut umgibt, ist bis heute nicht verloren gegangen.

Die Traunbrücke mit dem Kammerhof, von dem aus einst der Salzhandel kontrolliert wurde. Heute befindet sich darin ein Museum.

Sehenswert ist das Rathaus von Gmunden mit dem Keramikglockenspiel im oberen Laubengang.

GMUNDEN – WO EINST DAS SALZAMT REGIERTE

Im Norden reicht der Traunsee in die sogenannte Flyschzone hinein, in eine fruchtbare Moränenlandschaft, die den Übergang ins Alpenvorland markiert. Der wald- und wiesenreiche Gmundnerberg und der dem Traunstein vorgelagerte Grünberg erreichen Höhen von 800 bis knapp 1000 Metern. Zwischen diesen sanften Erhebungen liegt am Ausfluss der Traun die Kur- und Bezirkshauptstadt Gmunden mit dem berühmten Wasserschloss Ort.

Auf dem langen Weg des Salzes war Gmunden die letzte Station, bevor die schwer beladenen Zillen das Salzkammergut endgültig hinter sich ließen und weiter Richtung Donau trieben. Wo die Traun den See verlässt, war das Nadelöhr, das jede Fracht passieren musste: Hier regierte das Salzamt. An der Traunbrücke erbauten die Habsburger 1450 den Kammerhof, von dem aus sie den Salzhandel 400 Jahre lang kontrollierten. Alles, was mit dem Salz zu tun hatte, wurde von Gmunden aus unter der strengen Oberhand der Salzbeamten verwaltet. Vom einst blühenden Salzhandel zeugt noch heute das Stadtbild, nicht nur der Kammerhof, der immer noch an Ort und Stelle steht, sondern auch viele andere Gebäude. Als besonders reizvoll gilt der Rathausplatz, an dem auch die Schiffe anlegen. Das vierstöckige Rathaus mit seiner schönen barocken Fassade springt einem dabei sofort ins Auge. Der Bau stammt aus dem

16. Jahrhundert, wurde aber 1925 umfangreich saniert. Betrachtet man es genauer, fallen viele interessante Details auf, darunter auch das in den oberen Laubengang geschmackvoll eingefügte Glockenspiel. Das Besondere daran ist aber, dass die 24 Glocken nicht aus Metall, sondern aus Keramik sind, was es zum einzigen Keramikglockenspiel Österreichs macht. Alle zwei Stunden erklingt das sinnliche Spiel.

Dass die Glocken aus Keramik sind, kommt nicht von ungefähr. Gmunden gilt schließlich als die Keramikstadt schlechthin. Bereits im 17. Jahrhundert existierte eine Manufaktur, die Gmunden zum Zentrum hochwertiger Fein- und Zierkeramik machte. Inspiriert von der Traunsee-Landschaft entstand der grün geflammte Dekor, der international bekannt wurde. In viele Länder Europas und bis nach Amerika fand und findet das bekannte Tafelgeschirr seinen Weg. Eine weitere Besonderheit der Stadt ist eine nostalgische Straßenbahn noch aus der Zeit der Sommerfrische, mit der man sich auch von Bad Ischl - dem steten Mitbewerber um Gäste - etwas abgrenzen wollte. Die Idee war, eine elektrische Schmalspurbahn zu errichten, um eine attraktive Verbindung zwischen dem oberhalb der Stadt gelegenen Bahnhof und dem Stadtzentrum zu schaffen. Die Baufirma Stern & Hafferl, die schon mit dem Bau der Salzkammergut-Lokalbahn von Salzburg nach Bad Ischl beauftragt worden war, realisierte auch dieses Projekt. Einige Tage vor dem Kaiser-Geburtstag ging die Straßenbahn 1894 in Betrieb und gilt bis heute als ein Wahrzeichen Gmundens.

Untrennbar mit Gmunden verbunden ist die Herstellung von Keramik mit einem unverwechselbaren Design.

Ein Wahrzeichen der Stadt ist die historische Straßenbahn, die bereits 1894 ihren Betrieb aufnahm.

Ein Segler nimmt Kurs auf das Seeschloss Ort, das vor allem durch die Fernsehserie „Schlosshotel Orth" weitum bekannt wurde.

Beim Schlendern entlang der Seepromenade und in den gepflegten Parkanlagen kann man gut ins Träumen kommen, besonders wenn man über den See zum nahen Wasserschloss Ort blickt, hinter dem sich der wuchtige Traunstein erhebt. Am Anlegeplatz erinnert der altehrwürdige Raddampfer „Gisela" an die Zeiten, als noch der Kaiser persönlich hier jeden Sommer dieses Vehikel benutzte. Vor den vielen Holzstegen schaukeln nicht nur die Segelschiffe, sondern auch die Schwäne und Enten sanft auf den Wellen und tun dabei so, als wäre der Traunsee auch für sie der einzige „Lacus Felix".

SCHLOSS ORT UND DIE VILLA TOSKANA

Wenn man es von der Seepromenade aus gesehen hat, wird man der Versuchung kaum widerstehen können, das Wasserschloss Ort auch zu besuchen. Wie ein sturmsicheres Schiff erhebt es sich auf seiner felsigen Insel über dem Wasser. Einem weißen Segel ähnlich reckt sich der barocke Torturm in den Himmel und zieht schon von weitem die Blicke auf sich. Eine 123 Meter lange Holzbrücke verbindet das Seeschloss mit dem Landschloss, in dem heute die Forstschule untergebracht ist.

Berühmt wurde das Schloss vor allem durch die Fernsehserie „Schlosshotel Orth" in den 90-er Jahren, seitdem ist es auch für viele Liebespaare auf ihrem Weg zum Traualtar die erste Adresse. Verständlich, denn am „glücklichen See" zu heiraten sollte doch auch für eine gemeinsame Zukunft die beste Voraussetzung sein.

Wie lange die Geschichte des Schlosses zurückreicht, weiß man nicht genau. Manche Historiker gehen davon aus, dass bereits die Römer hier ein Kastell errichtet hatten. Erstmals urkundlich erwähnt wurde es im 10. Jahrhundert. Als erste Besitzer gelten die Herren von Ort, bis es 1483 der Habsburger Kaiser Friedrich III. erwarb. Während des oberösterreichischen Bauernkrieges wurde 1626 auch das Seeschloss angegriffen, geplündert und niedergebrannt. Vier Jahre später wurde es von Graf Herberstorff wieder aufgebaut und hat bis heute seine unregelmäßige Form erhalten.

Sehenswert ist der dreieckige Innenhof mit den schönen spätgotischen Bogengängen, obwohl dort der Hungerturm und einige Folterkammern auch an weniger romantische Zeiten erinnern. Etwas Besonderes ist das Uhrwerk des Schlosses aus dem Jahr 1634, das immer noch funktioniert und täglich per Hand aufgezogen wird.

Unweit des Landschlosses Ort steht in einer großzügigen Parkanlage die Villa Toskana, die der aus dem Toskana-Zweig der Habsburger stammende Erzherzog Salvator 1870 selbst entworfen haben soll. Um diesen unglücklichen Neffen von Kaiser Franz Joseph I. ranken sich einige Legenden. So soll er nach seiner Hochzeit mit der Balletttänzerin Margarethe Stubel zu einer Schiffsreise aufgebrochen sein. Vor Südamerika kam es zu einem Unglück, das Schiff kenterte und Salvator verschwand samt seiner Frau von der Bildfläche. Obwohl er 1911 für tot erklärt worden ist, gibt es bis heute das Gerücht, dass er in Argentinien noch lange als Farmer gelebt hat.

Die am Traunsee zurückgebliebene Schlossvilla erwarb 1913 Margarete Stonborough-Wittgenstein, eine Schwester des österreichischen Philosophen Ludwig Wittgensteins. Sie legte ihr ganzes Herzblut in die Renovierung der Villa Toskana und das prächtige Gebäude wurde zu einem beliebten Treffpunkt des gesellschaftlichen Lebens. Heute sorgt das angebaute Kongresszentrum für Betriebsamkeit. Beim Schlendern durch den weitläufigen Park kann man sich jederzeit wunderbar vom Alltagsstress entkoppeln.

Der wuchtige Traunstein am Ostufer des Sees gilt als „Wächter des Salzkammerguts".

Eine Traunsteinbesteigung ist für jeden ambitionierten Bergwanderer ein Höhepunkt. Das zehn Meter hohe Gipfelkreuz mahnt an die Gräuel der beiden Weltkriege.

DER TRAUNSTEIN – WÄCHTER DES SALZKAMMERGUTS

Der Traunsee wird von einem Berg dominiert, der unmittelbar jeden Reisenden in den Bann zieht. Woher man auch kommt, schiebt er sich grandios ins Blickfeld. Frontal bietet er dem See an der Ostseite seine felsige Stirn, eine Wandflucht, die sich 1200 Meter hoch in die Wolken streckt. An manch grauen Wintertagen wirkt er unnahbar und unheimlich, an anderen, freundlicheren Tagen dagegen majestätisch erhaben, besonders wenn das warme Abendlicht seine Westflanke wie das Haupt eines Königs golden färbt.

Wann dieser „Wächter des Salzkammerguts" das erste Mal bestiegen wurde, ist nicht bekannt, wahrscheinlich aber waren es Jäger, die auf ihren Pirschgängen irgendwann einen Durchstieg fanden. Den Einheimischen vor dem 19. Jahrhundert stand der Berg aber grundsätzlich eher im Weg, als dass er ihnen von Nutzen war. Außerdem befürchteten sie von seinen abweisenden Felswänden eine Gefahr, die nicht unbegründet war; für Abenteuer verschwendete man damals keine Zeit und das Wandern und Bergsteigen zum reinen Selbstzweck war noch nicht erfunden. Erst mit der Epoche der Romantik brach sich die Faszination für die unbändige Natur ihre Bahn. Am Ende des 18. Jahrhunderts kam es zu einer Aufbruchsstimmung. Man wollte die gegebenen idealistischen Grenzen nicht weiter akzeptieren.

Heute zieht es an manchen Sommerwochenenden ganze Heerscharen von Bergsteigern an den Traunstein. Oft genug wird er unterschätzt und die Liste der vielen Todesopfer, die er bereits forderte, wird fast jedes Jahr ein wenig länger.

Am Fuße des Traunsteins führt der romantische Miesweg am Seeufer entlang.

Der Traunstein ist nichts für Anfänger und Gelegenheitswanderer, man sollte den Berg ernst nehmen. Für jeden aber, der etwas erfahren und trittsicher ist, gibt es kein Halten, sich der Herausforderung einer hautnahen Begegnung zu stellen.

Für einen Weg auf den 1691 Meter hohen Gipfel bieten sich drei bezeichnete Steige an, die alle steil aber großartig sind. Der bekannteste ist der mit Stahlseilen und Eisenleitern gut gesicherte Naturfreunde-Steig, der dem Südwestgrat folgt und viele überwältigende Tiefblicke bietet. Nicht weniger ausgesetzt ist der westseitige Hernler-Steig, auf dem man noch mehr Fels als Eisen unter den Sohlen hat. Der dritte Anstieg ist der leichteste und führt von Süden über die Mair Alm.

Auf dem Gipfelplateau stehen zwei Schutzhütten, das 2013 neu errichtete Traunsteinhaus am Ausstieg des Naturfreundesteigs, und wenig unterhalb des Gipfels die Gmundnerhütte, dort, wo auch der Hernlersteig das letzte Steilstück überwunden hat. Vom großen Gipfelkreuz, das an die Gräuel der Weltkriege erinnert, weitet sich der Rundblick fast ins Grenzenlose. Wer Zeit hat, sollte auf einer der Hütten nächtigen, denn wenn die oft zahlreichen Tagesgäste verschwunden sind, wird man einen stillen unvergesslichen Sonnenuntergang erleben.

Sollte man mit dem steilen Aufstieg zum Gipfel überfordert sein, so kann man den Traunstein weniger anspruchsvoll auch umrunden. Vom Grünberg aus wandert man zum kleinen Laudachsee, der an der Ostseite im Schatten des schroffen Giganten liegt. Über die Hohe Scharte kommt man zur Mair Alm und wenig später auf dem romantischen Miesweg wieder zurück an die Westseite.

Alternativ zum Traunstein lohnt sich ebenfalls die Besteigung des Kleinen Schönbergs. Dieser viel kleinere Nachbar des Traunsteins wird gern übersehen, bietet aber bei weit weniger Mühen einen fast ebenso grandiosen Traunsee-Tiefblick.

Blick auf Traunkirchen mit dem markanten Erlakogel im Hintergrund.

Jenseits der schönen schmiedeeisernen Kreuze des Friedhofs von Traunkirchen drehen die Segler am Traunsee ihre Runden.

TRAUNKIRCHEN, DER SONNSTEIN UND DAS WECHSELKREUZ

Auf der Fahrt von Gmunden nach Ebensee sollte man den Wegweiser zur Ortschaft Traunkirchen nicht übersehen. Bevor das Gebirge im Süden des Traunsees steiler wird und die Wände des Kleinen Sonnsteins senkrecht in den See fallen, liegt auf einer Halbinsel einer der malerischsten Orte des Salzkammerguts. Um ihn zu erreichen, muss man die Umfahrung, bevor sie in einen Tunnel führt, verlassen.

Das Wahrzeichen der kleinen Gemeinde Traunkirchen ist der Johannesberg, ein in den See vorgeschobener Felsriegel, auf dem eine steinerne Kapelle steht. Über die mit seltenen Eiben bewachsenen Felsen führt der Weg hinauf, bis man über dem Eingang zur Kapelle liest: „Einst ein Schlupfwinkel heidnischer Seeräuber, jetzt dem heiligen Johannes dem Täufer geweiht".

In den Schriften taucht die Kapelle erstmals 1356 auf, aber man weiß, dass der Johannesberg, der früher Odinsberg hieß, eine viel längere Geschichte aufweist. Ausgrabungen haben Brandreste ans Tageslicht gebracht, die 3500 Jahre alt sind und die auf einen frühen Opferplatz verweisen. In dieser vorchristlichen Zeit diente der vom Seewasser umspülte Felsvorsprung der Götterverehrung. Später kamen die Römer und bauten auf ihm einen Tempel, an den noch heute eine verwitterte Steinbüste, die einen römischen Kaiser darstellen könnte, erinnert. Unterhalb der Johannesbergkapelle trifft man auf andere alte Gemäuer, auf einen Klosterkomplex, der bis ins 7. Jahrhundert zurückreichen soll. Dem Gründungsbild zufolge vertrieb man damals die letzten Heiden und errichtete als Zeichen der erfolgreichen Missionierung die Abtei „Trunseo". Als gesichert gilt

TRAUNSEE

der Einzug benediktinischer Nonnen im Jahr 1020, die bis zur Reformationszeit blieben. Nach einigen Brandkatastrophen wurde das Kloster schließlich 1778 aufgelöst und die Klosterkirche zur Pfarrkirche umfunktioniert. In Ihr befindet sich die sehenswerte Fischerkanzel, die von einem unbekannten Künstler stammt. Sie erinnert an die Bibelszene des reichen Fischfangs und zeigt die Apostel Jakobus und Johannes, wie sie ihre Netze einholen, sowie im Hintergrund Jesus, der Petrus seinen Segen erteilt.

Bei einem Spaziergang durch Traunkirchen kann man gut in die vielfältige Geschichte eintauchen oder aber einfach nur die bezaubernde Atmosphäre genießen. Fast fühlt man sich wie auf einer mediterranen Insel. Der Blick über den See zum Traunstein ist von hier einer der schönsten. Zudem finden sich im Ort viele alte Villen aus der Zeit der Sommerfrische wie zum Beispiel die Spitzvilla, die dem exzentrischen Afrika-Veteranen Slatin Pascha gehörte, einem Freund Kaiser Franz Josephs I., der hier gerne zu Gast war.

Sollte man das Bedürfnis haben, Traunkirchen einmal aus der Vogelperspektive zu betrachten, so lohnt sich eine Besteigung des Kleinen Sonnsteins. Dieser knapp 1000 Meter hohe Berg gilt als einer der besten Aussichtspunkte am Traunsee. Von seinem exponierten Gipfel aus liegt einem der See in seiner ganzen Länge, von Gmunden bis nach Ebensee, zu Füßen. Hat man Zeit, kann man über den wenig höheren Großen Sonnstein nach Ebensee absteigen und mit dem Schiff zum Ausgangspunkt nach Traunkirchen zurückkehren. An Gehzeit sollte man für diese Runde etwa vier Stunden veranschlagen.

Eine Besonderheit in der ehemaligen Klosterkirche Traunkirchen stellt die sehenswerte Fischerkanzel dar, die die Apostel Jakobus und Johannes beim reichen Fischfang zeigt.

Ebensee ist vor allem als Salinenort bekannt, hat aber auch an Kultur und Brauchtum viel zu bieten.

In der KZ-Gedenkstätte erinnern eindrucksvoll die vielen auf Glastafeln geschriebenen Namen der Opfer an die Grausamkeit des NS-Regimes.

Genau unterhalb der steilen Abstürze des Kleinen und Großen Sonnsteins steht am Ufer das sogenannte Wechselkreuz. Dazu muss man wissen, dass Ebensee bis ins 17. Jahrhundert keine eigene Kirche hatte und die Bewohner auf dem damals einzigen Weg jeden Sonntag in ihren Zillen zur Messe nach Traunkirchen ruderten. Beim Wechselkreuz war die Hälfte der Strecke erreicht und die erschöpften Ruderer wurden „gewechselt". Daher auch sein Name.

EBENSEE - ZWISCHEN SALZGEWINNUNG, TOURISMUS UND GELEBTEM BRAUCHTUM

Am Südende des Traunsees liegt in reizvoller Umgebung der Ferienort Ebensee. Hier mündet die von Bad Ischl kommende Traun in den See, die auf ihrem Weg zwischen Höllengebirge und den nordwestlichen Ausläufern des Toten Gebirges ein waldreiches Tal geformt hat. Als Eckpfeiler des Höllengebirges erhebt sich im Westen der aussichtsreiche und mit einer Seilbahn gut erreichbare Feuerkogel. In Seitentälern sind drei weitere kleine Seen versteckt und es bieten sich viele Möglichkeiten, als Wanderer die Natur zu erkunden.

Geschichtlich ist Ebensee wie Hallstatt, Bad Ischl und Gmunden eng mit dem Salz verbunden. Es ist jener Ort, in dem seit mehr als 400 Jahren eine Saline betrieben wird. Als das Holz für die ursprünglich in Hallstatt stehenden Sudhäuser immer knapper wurde, baute man der Traun entlang eine 40 Kilometer lange Soleleitung. Durch diese älteste Pipeline der Welt wurde somit die Salzproduktion an den Traunsee verlegt. Die ersten Sudhäuser nahmen 1607 ihren Betrieb auf, seit 1906 fließt auch die Sole vom Salzbergwerk Altaussee nach Ebensee.

TRAUNSEE

Wie die Salzgewinnung für die 7800 Einwohner dieser Marktgemeinde die wirtschaftliche Basis bildet, so ist ein vielschichtiges Brauchtum die Stärke für das kulturelle Leben. Gelebtes Brauchtum wird in Ebensee großgeschrieben. Am wohl bekanntesten ist der in der letzten Raunacht, am 5. Jänner, durchgeführte Glöcklerlauf, zu dem sich aus nah und fern tausende Besucher einfinden. Die Glöckler sind Lichtgestalten, die im neuen Jahr die bösen Raunachtsgeister endgültig vertreiben sollen. Mit riesigen, kunstvoll dekorierten und beleuchteten Kappen ziehen sie dabei durch die Straßen, begleitet von einem lautstarken Glockengeläute. Sogar die UNESCO hat dieses farbenfrohe Schauspiel in ihre renommierte Liste als Weltkulturerbe aufgenommen.

In der gleichen Jahreszeit kann man sich in Ebensee auch auf die „Kripperlroas" begeben. Der kunstvolle Krippenbau hat im Salzkammergut eine lange Tradition; im 19. Jahrhundert entwickelte sich aber in Ebensee eine neue Form der Landschaftskrippe. Talentierte Dorfbewohner fertigten übergroße und figurenreiche Krippen an, in denen sie auch die Landschaft ihrer Heimat darstellten. Jedes Jahr gibt es eine vom Tourismusverband herausgegebene Liste mit den Privathäusern, in denen man auf einem Rundweg die kunstreichen Krippen besichtigen kann.

An ein dunkles Kapitel in der Geschichte erinnert eine 2011 neu errichtete KZ-Gedenkstätte. Unter der Tarnbezeichnung „Zement" wurde 1943 in Ebensee ein Außenlager von Mauthausen errichtet, um ein unterirdisches Rüstungsprojekt zu verwirklichen. Insgesamt wurden dabei vom NS-Regime 8412 Menschen in den Tod getrieben, deren Namen auf 156 ungefärbten Glastafeln geschrieben stehen. Mit anderen steinernen Denkmälern im ehemaligen KZ-Friedhof, einem begehbaren Stollen und dem Zeitgeschichte-Museum bildet Ebensee einen internationalen Lernort, in dem nicht vergessen, sondern ermahnt werden soll.

DER ERLAKOGEL UND DIE GASSELHÖHLE

Ein Berg, dessen Umrisse von Gmunden aus an eine schlafende Frau mit wallendem Haar erinnert, kann von Ebensee aus bestiegen werden. Der 1575 Meter hohe Erlakogel, den der Volksmund „Schlafende Griechin" nennt, wird weitaus weniger begangen als der Traunstein, bietet aber bei geeignetem Wetter eine ebenso prächtige Aussicht. Er hat nicht die Wucht und die schroffe Steilheit seines nördlichen Nachbars, dafür sind aber die Wege auch für weniger trittsichere Wanderer begehbar. Vom schönen Ortsteil Rindbach aus folgt man einem markierten Steig über die Spitzsteinalm zum felsigen Gipfelaufbau.

Nicht weit vom Erlakogel befindet sich die Gasselhöhle, die als tropfsteinreichste Höhle der Nördlichen Kalkalpen gilt. Die Gesamtlänge dieses Höhlenlabyrinths beträgt auf mehreren Etagen über 4000 Meter, von denen ein kleiner Teil bei einer Führung besichtigt werden kann. Durch die gute Beleuchtung kommt dabei der Formen- und Farbreichtum der Tropfsteine besonders eindrucksvoll zur Geltung. Erreichbar ist die Höhle von Rindbach aus auf einer Forststraße in zwei Stunden Gehzeit. Im Sommer verkehrt zweimal täglich auch ein Zubringerbus.

DER FEUERKOGEL, DAS HÖLLENGEBIRGE UND DIE LANGBATHSEEN

Westlich des Trauntals türmt sich das Höllengebirge auf, ein von Wettersteinkalken aufgebautes Kettengebirge, das sich vom Südende des Traunsees bis hinüber zum Attersee erstreckt. Einst war es das bevorzugte Jagdgebiet von Kaiser Franz Joseph.

Ein Erlebnis-Bergdorf befindet sich auf dem Feuerkogel, der von Ebensee aus leicht mit der Seilbahn erreichbar ist.

Eine lohnende Wanderung führt vom Feuerkogel zum Steilabbruch des Alberfeldkogels, auf dem das bekannte Europakreuz steht.

Hier soll er auch seine 2000-ste Gams geschossen haben. Entlang der von Fichten- und Rotbuchen dominierten Abhänge ist der Wildreichtum auch heute noch bedeutend.

Von Ebensee aus erreicht man die mit Latschen überwucherte Hochfläche des Höllengebirges komfortabel mit der Seilbahn auf den Feuerkogel. Dort befindet sich bei der Bergstation gleich ein ganzes Erlebnis-Bergdorf. Wo im Winter reger Schibetrieb herrscht, finden sich im Sommer zahlreiche Wandermöglichkeiten. Als besonders lohnend erweist sich dabei der gut markierte Weg zur Aussichtskanzel des Alberfeldkogels mit dem Europakreuz. Fast senkrecht brechen die Wände hier nach Norden ins Langbathtal ab, wunderbar ist der Blick hinüber zum Traunstein und hinaus ins Alpenvorland. Für einen Rundweg bietet sich der nach Süden vorspringende und ebenso aussichtsreiche Helmes-Kogel an. Wandert man jedoch weiter in die Hochfläche hinaus, werden die Wege einsamer, man gelangt zum Großen Höllkogel und zur Rieder Hütte.

Schaut man vom Alberfeldkogel in die Tiefe, glänzen aus dem dunklen Wald heraus zwei blaue Augen - die Langbathseen. Um sie zu erreichen, folgt man von der Talstation der Feuerkogelbahn einer acht Kilometer langen Asphaltstraße bis zu ihrem Ende. Nur wenige Schritte sind es dann vom Parkplatz aus zum Ufer des Vorderen Langbathsees und somit zu einem der schönsten Spiegelbilder des Salzkammerguts. Staunend steht man vor der perfekten Verdoppelung des Brunnkogels, einem der markantesten Berge des Höllengebirges. Das Wasser ist glasklar und im Sommer sogar warm genug für ein Bad. Der Rundweg führt durch herrlichen Mischwald und vorbei am ehemaligen Jagdschloss von Kaiser Franz Joseph.

Zwei weitere Kilometer sind es zum Hinteren Langbathsee, der noch etwas ruhiger und einsamer im Tal liegt. Wo Schuttkegel herabziehen und die Felswände schon nah ans Ufer treten, beginnt einer der reizvollsten Anstiege ins Höllengebirge - der Schafluckensteig. Schon früher trieb man hier die Schafe zur Schafalm unterhalb des Brunnkogels hinauf und hat dazu einen kühnen Steig angelegt. Heute sind die steilsten Passagen gut versichert, trotzdem sollte man bei einer Begehung Schwindelfreiheit und Trittsicherheit mitbringen. Spektakulär sind aus den Felsbändern heraus dafür die Tiefblicke. Für einen Aufstieg zum Brunnkogel mit seinem 2013 neu errichteten großen Gipfelkreuz benötigt man rund drei Stunden.

In einem Seitental liegt am Fuße des Rinnerkogels der Offensee, ein Naturschutzgebiet, in dem man bei Spaziergängen Erholung findet.

DER OFFENSEE - EIN VERSTECKTES NATURJUWEL

In einem ähnlich stillen Tal wie die Langbathseen liegt an der Nordseite des Toten Gebirges ein weiteres kleines Gewässer. Südlich von Ebensee zweigt eine Straße ab, die nach neun Kilometern am Offensee endet. Die Berge spiegeln sich in ihm zwar nicht ganz so spektakulär wie im Vorderen Langbathsee, das klare Wasser und die herrlichen Wälder ringsum sind ihm aber ebenbürtig. Sogar ein Jagdschloss des Kaisers findet sich wie bei seinem Nachbarn im Höllengebirge auch hier. Vor allem aber ist es die Ruhe, die den Besucher empfängt, der auf einem Rundweg durch das Naturschutzgebiet seiner Seele etwas Gutes tun kann.

Für echte Wanderer bietet sich vom Offensee aus die Möglichkeit eines Übergangs ins gar nicht mehr so weit entfernte Almtal an. Ein anderer Weg führt über die Rinnerhütte hinauf ins Tote Gebirge und zu dem am Fuße des Rinnerkogels romantisch gelegenen Wildensee, einem der wenigen winzigen Karstseen, die in der sonst so trockenen Felslandschaft etwas ganz Besonderes sind.

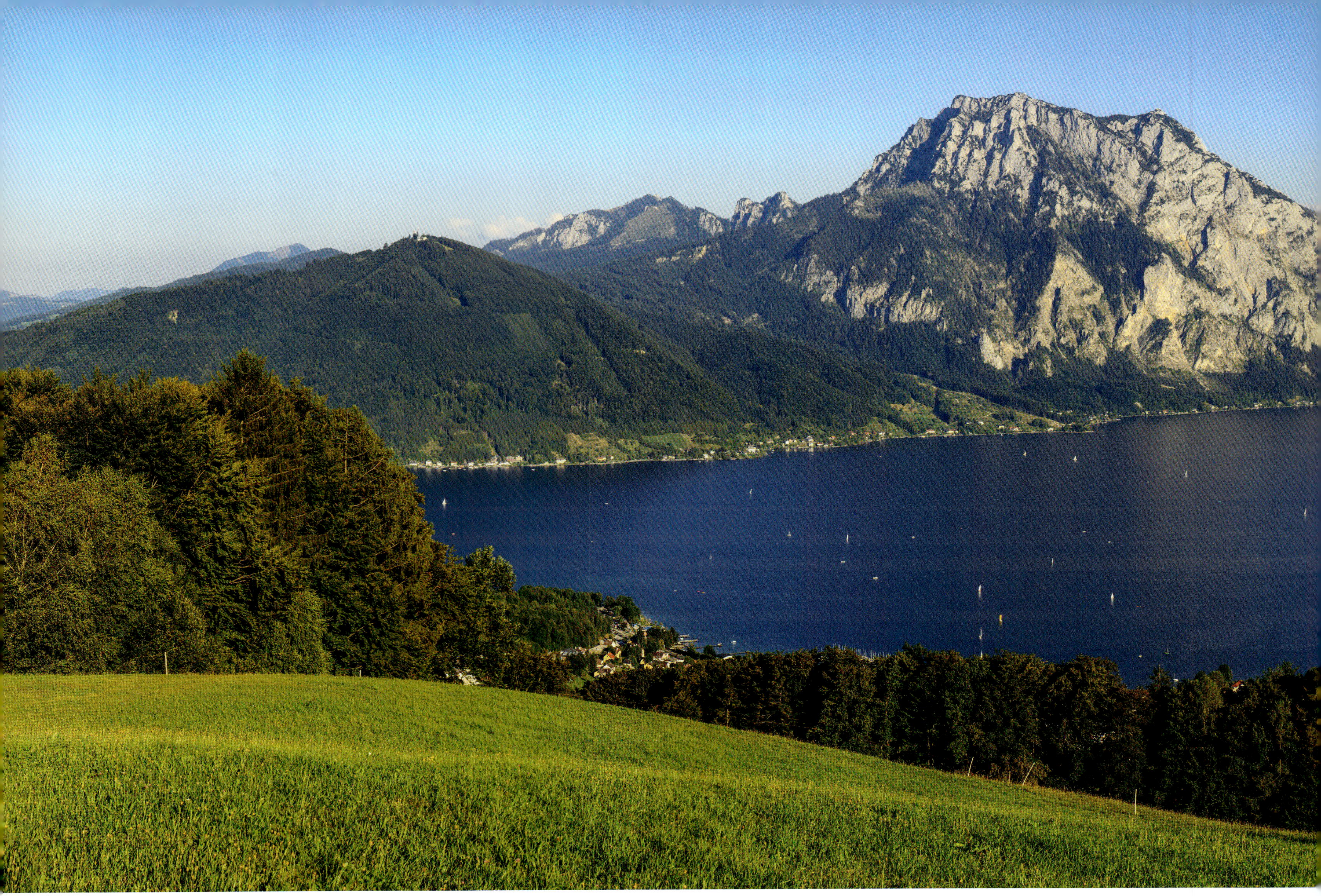

Einen wunderbaren Blick über die gesamte Traunseeregion bekommt man vom Gmundnerberg, auf den von Altmünster aus eine Straße führt. Wenn im Frühjahr auf den höheren Bergen noch Schnee liegt, lässt sich auf ihm bereits genussreich wandern.

TRAUNSEE

GMUNDEN

Ein Panorama, das man kennt: Von der Gmundner Promenade aus reihen sich der Grünberg, die Westflanke des Traunsteins, die „schlafende Griechin" und das Wasserschloss Ort aneinander.

TRAUNSEE

Gerne wird der Traunsee auch als „Schwanensee" bezeichnet, denn nirgendwo sonst im Salzkammergut sind diese grazilen Wasservögel zahlreicher. Im Hintergrund wartet der historische Raddampfer „Gisela" auf seine Gäste.

GMUNDEN

Ansicht der Stadtsilhouette von Gmunden. In der Mitte erkennt man den Stadtplatz mit dem historischen Rathaus.

TRAUNSEE

GMUNDEN - SCHLOSS ORT

Ein Holzsteg verbindet die kleine Insel mit dem berühmten Wasserschloss Ort.
Viele Paare lassen sich hier vor der großartigen Kulisse des „Lacus Felix" trauen.

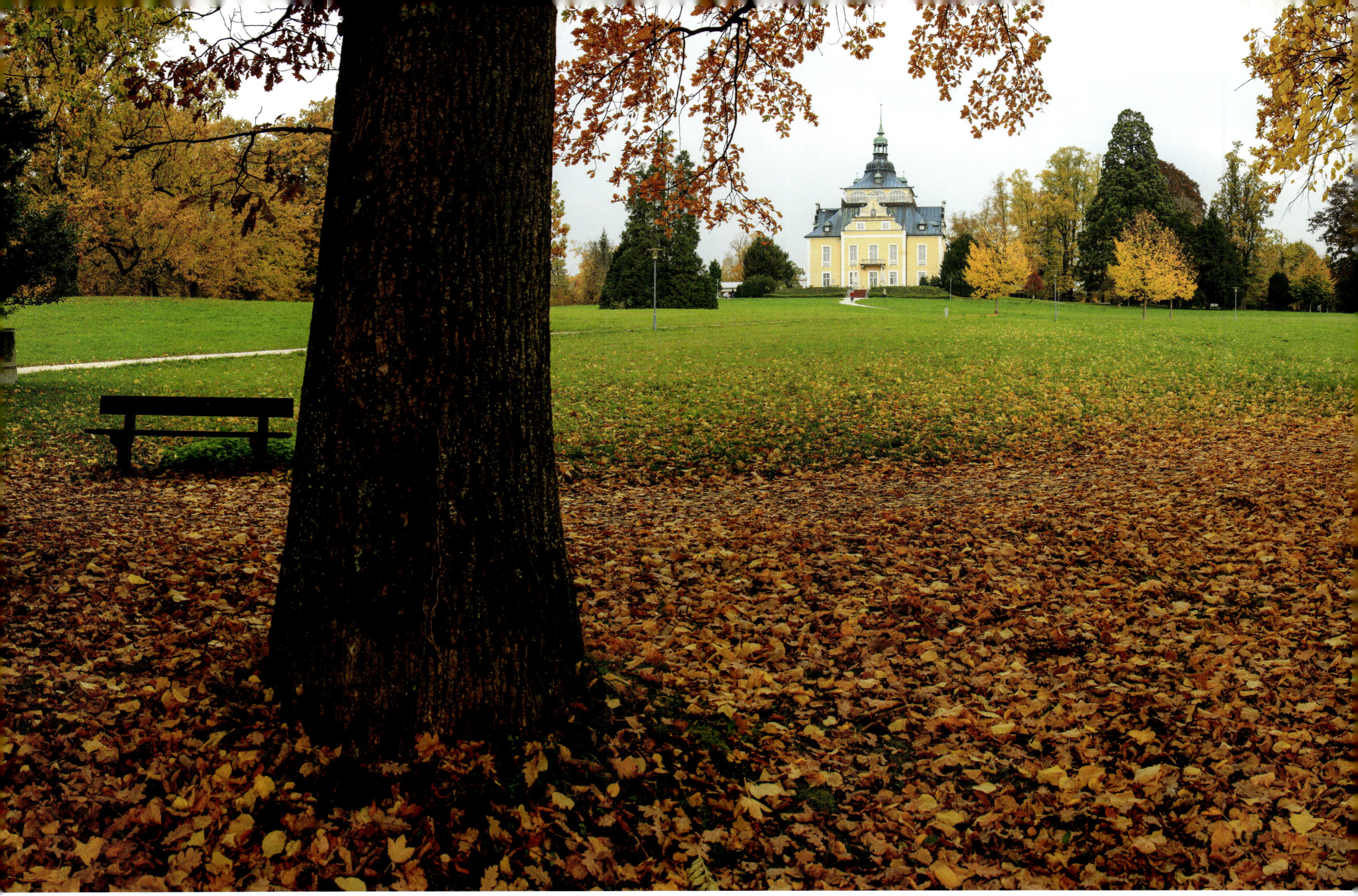

In einem großen Park findet sich unweit von Schloss Ort die prachtvolle Villa Toskana. Nachdem ihr Erbauer - Johann Salvator von Österreich-Toskana - 1890 in Südamerika verschollen war, erwarb sie 1913 Margarete Stonborough-Wittgenstein. Heute hat man in einem Anbau ein modernes Kongresszentrum untergebracht.

TRAUNSEE

TRAUNSTEIN

Sonnenaufgang auf dem Traunstein. Ebensee und der Traunsee liegen noch im Schatten, während die Gmundner Hütte bereits beleuchtet wird. Weiter unten sieht man das Traunsteinhaus, dahinter das Höllengebirge und in der Ferne glänzt der Dachstein.

TRAUNSEE

Nicht so bekannt wie der Traunstein ist sein kleinerer Nachbar - der Schönberg. Bei weit weniger Mühen bietet auch er dem Wanderer eine großartige Aussicht.

SCHÖNBERG

TRAUNSEE

ALTMÜNSTER

Blickt man etwas südlich von Altmünster gegen Gmunden, weitet sich der See zu einer großen Bucht. In der abendlichen Herbstsonne leuchtet der Grünberg golden und der Traustein zeigt sein freundlichstes Gesicht.

TRAUNSEE

TRAUNKIRCHEN

Ein beliebtes Fotomotiv in Traunkirchen ist die auf einem Felsvorsprung stehende Johanneskapelle. Gefundene Brandreste belegen hier eine 3500 Jahre alte Kultstätte. Auf der Traunkirchen gegenüberliegenden Seeseite spannt sich das Panorama vom Traunstein bis zum Erlakogel.

TRAUNSEE

Tiefblick vom Kleinen Sonnstein auf Traunkirchen. Auf der Halbinsel erkennt man die ehemalige Klosteranlage und die Johanneskapelle.

TRAUNKIRCHEN - SONNSTEIN

Unter Berggehern besonders beliebt ist der kleine Sonnstein, ein Felsberg, dessen Wände senkrecht zum Traunsee hin abbrechen. Südlich von Traunkirchen führt ein steiler Weg hinauf.

TRAUNSEE

Einen schönen Blick auf Ebensee mit der Traunmündung hat man von der Kalvarienbergkirche aus, zu der vom Ortszentrum ein Kreuzweg hinaufführt.

EBENSEE

Herbst in Ebensee. Blick vom Park an der Traunmündung Richtung Ortskern.

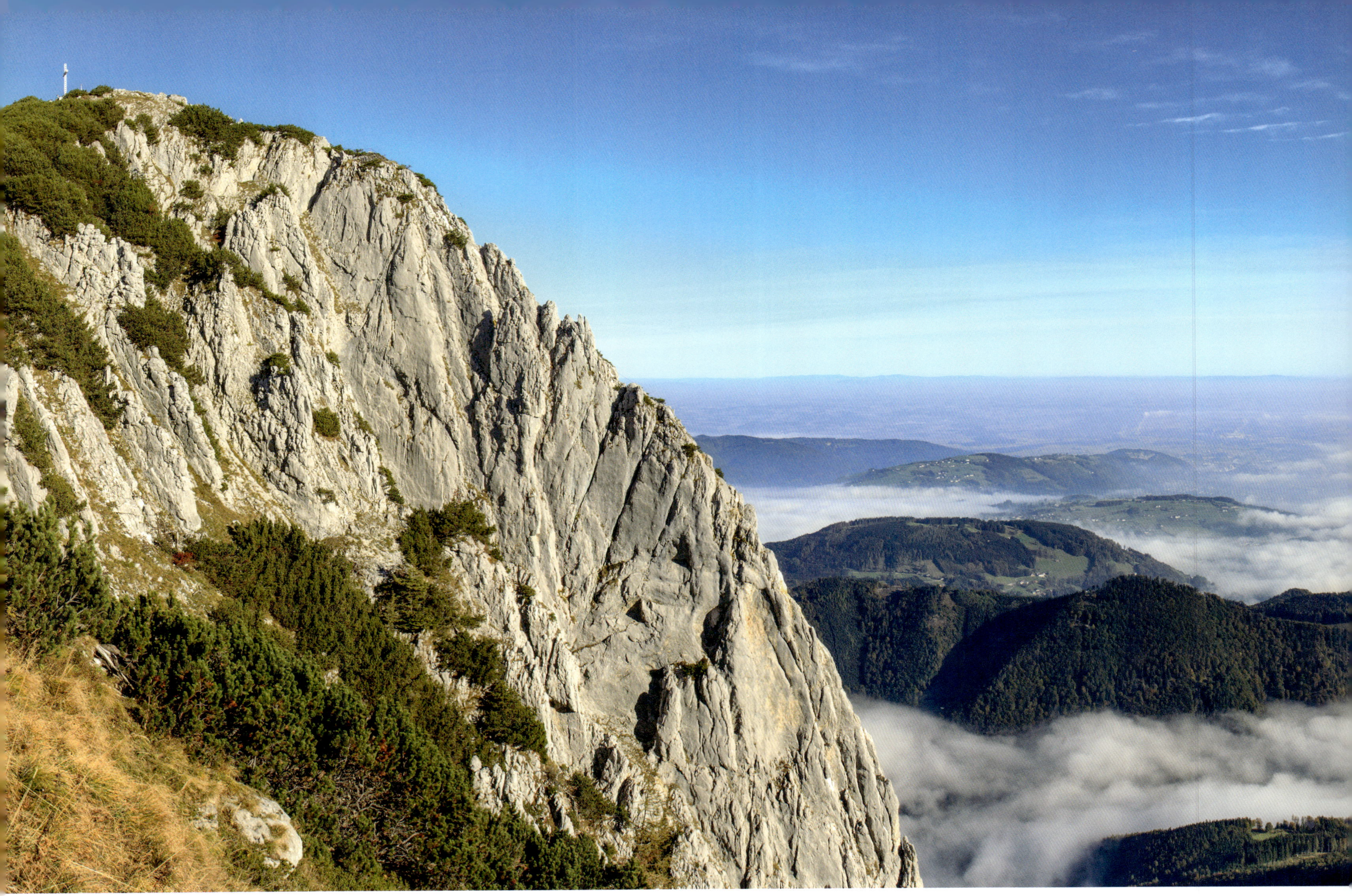

Wenn im Herbst in den Tälern die Nebel hängen, sollte man als Ziel den Feuerkogel wählen. Ein weitläufiges Wegenetz bietet dem Wanderer verschiedene Varianten. Hier im Bild die steile Felsnase des Alberfeldkogels mit einem Blick hinüber zum Gmundnerberg und dem Traunstein.

TRAUNSEE

Ein großartiges Fotomotiv ist die Spiegelung des Brunnkogels im Vorderen Langbathsee. Zusammen mit dem Hinteren Langbathsee liegt er in einem waldreichen Taleinschnitt an der Nordseite des Höllengebirges. Ein breit angelegter Rundweg lädt zum Spazieren ein.

LANGBATHSEEN - OFFENSEE

Auf noch intakte Natur trifft der Wanderer am Offensee. Von ihm aus führen die Wege hinauf ins Tote Gebirge zum romantischen Wildensee und zum Rinnerkogel.

ATTERSEE

SEEWALCHEN - SCHÖRFLING - ATTERSEE - NUSSDORF - EGELSEE - UNTERACH - STEINBACH - WESTLICHES HÖLLENGEBIRGE - WEYREGG - GAHBERG

Attersee (Kammersee)
Höllengebirge
St. Georgen im Attergau
Seewalchen am Attersee
SEEWALCHEN
Schörfling am Attersee
Attersee
Weyregg am Attersee
Nußdorf am Attersee
Unterach am Attersee
Weißenbach am Attersee
Steinbach am Attersee
ST.GEORGEN
REGAU
A1
152
153
145
Aurach am Hongar
Lichtenberg
Straß im Attergau
Oberwang
Innerschwand
Kulmspitze
Gmunden
Pinsdorf
Neukirchen
Hongar
Alpenberg
Richtberg
Gahberg
Wachtberg
Krahberg
Spielberg
Brunnkogel
Hochlecken
Grünalmkogel
Eiblgupf
Feuerkogel
Alberfeldkg.
Gr. Höllkogel
Helmeskogel
Schoberstein
Hochplettspitz
Buchberg
Litzlberg
Kammer
Abtsdorf
Seefeld
Kaisigen
Burgau
Unterburgau
Äußerer Weißenbach
Weißenbacher Sattel
Taferlklause
Vd. Langbathsee
Ht. Langbathsee
Jagdschloss
Wessenaurach
Aurach
Weyregger Bach
Langbathbach
Mühlbach
Großkufhaus
Langwies
Lahnstein
Breitenberg
Wildpark
Kollmannsberg
Mitterndorf
Mühlbachberg
Rittham
Vöcklaberg
Fraunsdorf
Oberachmann
Unterkriech
Steindorf
Rosenau
Kraims
Oberhenfeld
0 1 2 3 km
© arbeitsgemeinschaft kartographie

ATTERSEE

EIN MEER IM SALZKAMMERGUT

Wenn man an den Attersee kommt, erhebt sich der Eindruck, an einer großen Meeresbucht gestrandet zu sein; zumindest im Norden, wo der See von sanften Flyschbergen umgeben ist, die der einst riesige eiszeitliche Gletscher vor sich aufgeschoben hat. Für viele ist dieser mit einer Länge von 20 Kilometern größte Binnensee Österreichs „das Meer des Salzkammerguts". Im Sommer wird das Empfinden, an einem Meer zu sein, noch dadurch verstärkt, dass das Atterseewasser einen fabelhaft türkisen Farbton annimmt - ein Phänomen, das auf einen hohen Kalkeintrag aus den umliegenden Gesteinen zurückzuführen ist. Wenn dann die Sonneneinstrahlung über dem Wasser die schönsten Reflexe erzeugt und der warme sogenannte Rosenwind am Nachmittag das Wasser kräuselt, kann man sich wunderbar in mediterrane Gefilde träumen.

Der Attersee ist eine Sommerlandschaft, in der leicht gelassene Urlaubsstimmung aufkommt. Er ist das Reich unzähliger Freizeitenthusiasten und Wassersportler, vor allem der Segler. An manchen Sommertagen verdichten sich die bunten Dreiecke über dem tiefen Blau zu einem eigenen bewegten Farbenspiel. Man könnte aus der Ferne glauben, es wäre ein großer Schwarm von Schmetterlingen in den See gefallen. Für Schwimmer hat sein klares Wasser trotz der angenehmen Wassertemperatur von bis zu 24°C stets etwas Erfrischendes und wer einmal in diesen beglückenden Genuss gekommen ist, der wird danach eine große Sehnsucht entwickeln. Strandbäder gibt es jedenfalls rund um den Attersee genug, ebenso viele Tauchclubs, Surf- und Segelschulen.

Die grünen Hügel mit duftenden Blumenwiesen und schattigen Waldinseln bestimmen die nördliche Umgebung des Sees und schwingen sich hinaus ins Alpenvorland. Nur ganz im Süden überwiegt der Eindruck eines echten Gebirgssees, dort, wo er einen leichten Knick gegen Westen macht, dominieren im Hintergrund der Schafberg, der Leonsberg und die jäh abstürzenden Wände des Höllengebirges das Bild. Bei Unterach führt eine nur vier Kilometer lange Straße zum Mondsee hinüber und über das waldreiche Weißenbachtal eine weitere ins Trauntal und somit auch nach Bad Ischl.

Für die Sommerfrische wurde der Attersee erst relativ spät entdeckt, was wesentlich an der schlechteren Verkehrsanbindung lag. Die Reisenden nahmen in der Mehrzahl denselben Weg, den immer schon auch das Salz genommen hatte, und dieser führte nun einmal über den Traunsee. Außerdem bevorzugte man zunächst die Nähe zum Kaiser, der alle seine Sommer in Ischl verbrachte, wo sich aufgrund der Heilbäder schon zu Beginn des 19. Jahrhunderts der Adel etablierte.

Erst um 1870 erschloss das städtische Großbürgertum zunehmend auch den Attersee und entwickelte einen neuen Freigeist, der von der eher konservativen Aristokratie in

ATTERSEE

Ischl und am Traunsee sich abzugrenzen suchte. Die noch freien Flächen lösten bald einen Bauboom aus und es entstanden extravagante Villen, die sich repräsentativ von den umliegenden Bauernhäusern abgrenzten. Große Künstler wie Gustav Klimt oder Gustav Mahler erschufen hier ihre weltweit gewürdigten Werke; es entsprossen Künstlerkolonien und das liberale gesellschaftliche Leben fand einen neuen kulturellen Mittelpunkt.

SEEWALCHEN, SCHÖRFLING UND GUSTAV KLIMT

Im Norden erschließt sich der große See über die Gemeinden Seewalchen und Schörfling, zwischen denen die Ager abfließt und dabei nicht nur den Attersee entwässert, sondern bemerkenswerterweise auch das Wasser von Mondsee, Irrsee und Fuschlsee - die auf Umwegen mit dem Attersee verbunden sind - Richtung Donau schickt (Siehe auch S. 19). Diese beiden Orte am Nordufer haben eine lange Geschichte. Bereits 1870 fand man hier die Überreste einer Pfahlbausiedlung, deren Alter bis in die Jungsteinzeit zurückreicht. Weitere Funde aus der Bronze- und Eisenzeit belegen eine drei Jahrtausende lange Besiedlung der Region durch Menschen, die auf Pfahlbauten direkt über dem Wasser lebten. Später beehrten die Römer die Gegend und man geht davon aus, dass eine Römerstraße, die die beiden Städte Wels und Salzburg verband, über Seewalchen und Gampern führte. Der Name „Seewalchen" leitet sich übrigens von romanisierten Kelten ab, die die einwandernden Baiern im 6. Jahrhundert „Walchen" nannten.

Auf Spuren der jüngeren Vergangenheit stößt der Besucher heute hauptsächlich durch die vielen denkmalgeschützten Villen, welche die Sommerfrische-Gesellschaft hinterlassen hat. Da ist die besonders auffällige Villa Paulick, die mit ihren vielen Türmen, Kaminen und Giebeln die Blicke auf sich lenkt. Errichtet und im Inneren kunstvoll ausgestattet wurde sie vom bekannten Wiener Hoftischlermeister Friedrich Paulick, der es außerdem verstand, sein opulentes Reich zu einem Treffpunkt der Künstler zu machen. Auch Gustav Klimt verbrachte hier seine ersten Sommer am Attersee, saß gerne am Bootshaus und schaute mit seinem Fernrohr zum See hinaus. Jeder dieser alten Prunkbauten, wie auch die Schmidt-, Müller-, Schuh- oder Cuzon-Villa, erzählt so nicht nur Geschichte, sondern auch Geschichten über interessante Bewohner, die es wert sind, ihnen nachzuspüren.

Schwäne vor dem Schloss Kammer bei Seewalchen.

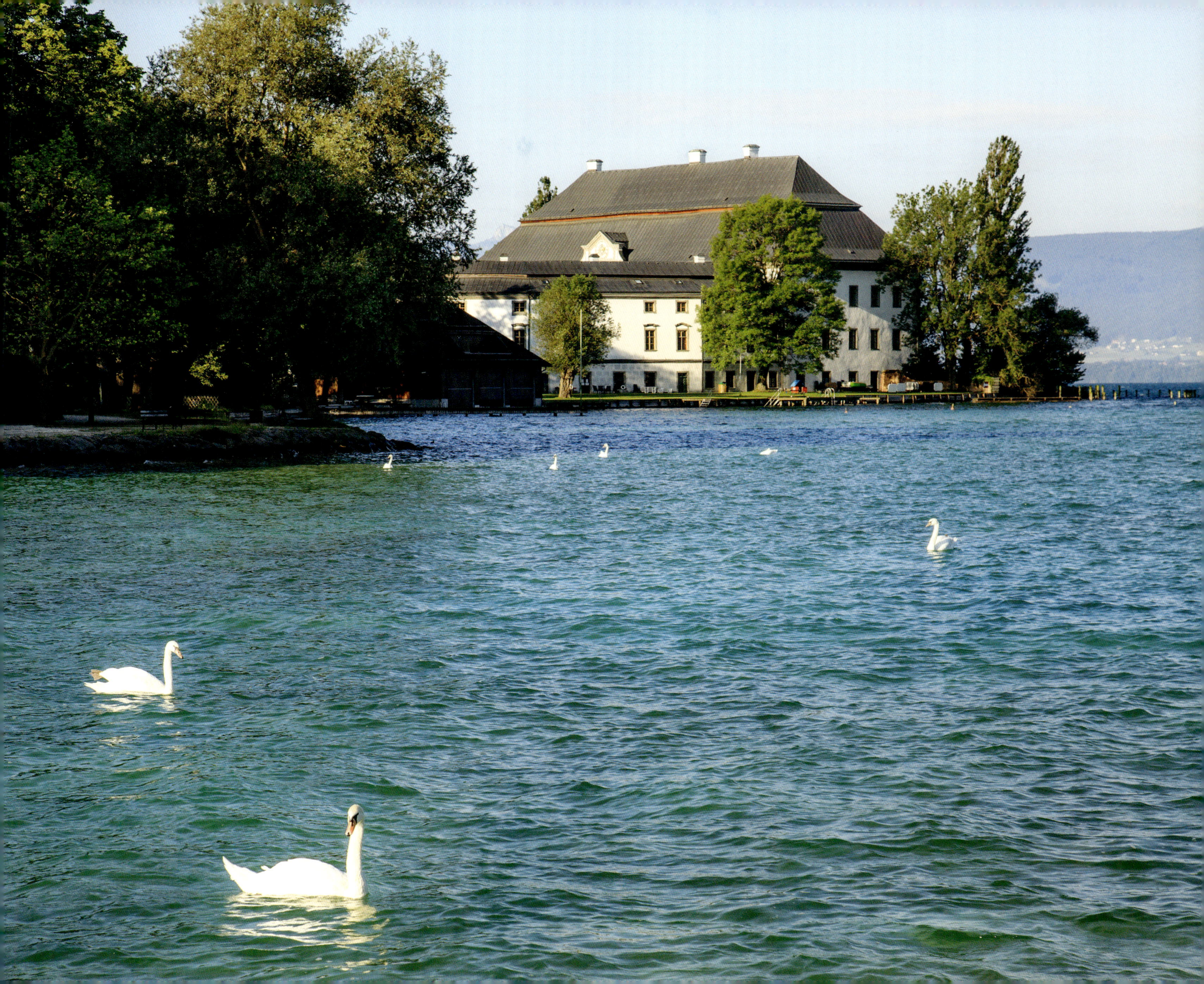

Viele Sommermonate hat Gustav Klimt am Attersee verbracht. Auf seine Spuren kann man sich im Gustav Klimt Zentrum begeben. Auch ein spezieller Themenweg ist ihm hier gewidmet.

Die Baumallee vor dem Schloss Kammer, wie sie auch Gustav Klimt in einem seiner Gemälde verewigt hat.

Ebenso noch zur Gemeinde Seewalchen gehörend, steht auf einer mit einem langen Steg verbundenen Insel das heute sich in Privatbesitz befindliche Schloss Litzlberg. Durch seine ruhige Lage und umgeben vom Türkisblau des Sees wählte es einige Sommer lang auch Gustav Klimt mit seiner Seelenpartnerin Emilie Flöge als seine Residenz. Hinter den Türmen und den Fachwerkfassaden dieser englischen Landsitzen nachempfundenen Schlossvilla arbeitete Klimt an seinen später hochgeachteten Werken.

Litzlberg gegenüber steht auf einer Halbinsel in Schörfling ein anderes bedeutendes Schloss, das hinter seinen alten Mauern ebenso Geschichte schrieb: das Schloss Kammer. Sogar der gesamte See wurde früher diesem Schloss gemäß oft auch als „Kammersee" bezeichnet. Ursprünglich diente es wohl als Festungsanlage, bevor es 1165 ein gewisser Haidfalk von Chammer erwarb. Nachfolgend wechselte es mehrfach seine Besitzer und erhielt 1710 unter dem Linzer Barockbaumeister Michael Prunner seine heutige massive dreigeschoßige Form.

Die schönen Lindenbäume vor dem Schloss Kammer, die Gustav Klimt so wunderbar in einem seiner Bilder verewigte, strecken noch immer ihre knorrigen Äste ineinander, dahinter schaukeln im Hafen die Segelboote sanft im Wind. Schörfling ist ideal, um auf den Spuren des großen Malers zu wandeln. Gleich neben der Schlossallee befindet sich das neu errichtete Gustav Klimt-Zentrum, das einen hervorragenden Einblick in sein Leben und Schaffen am Attersee gibt. Insgesamt 46 großartige Landschaftsbilder sind in den Jahren 1900 bis 1916 um den See entstanden. Ein zusätzlicher Themenweg führt anhand von geschmackvoll gestalteten Stelen an die Schauplätze, die in Zusammenhang mit dem Maler und seinen Bildern stehen.

Etwas nördlich von Unterach liegt das Hochmoorgebiet Egelsee, ein Naturjuwel mit vielen seltenen Pflanzenarten. Spazierwege laden zu Erkundungen ein.

AUF DEM ATTERSEE-WESTWANDERWEG ZU VERSTECKTEN NATURWUNDERN

Wenn im Frühjahr auf den höheren Bergen noch der Schnee liegt, bietet sich von Steinbach nach Unterach der reizvolle Attersee-Westwanderweg an. Im Durchschnitt nur hundert Höhenmeter über dem See führt die rund zehn Kilometer lange Wanderung durch eine wunderbare Wiesenlandschaft, vorbei an traditionsreichen Bauernhöfen und alten Heustadeln. Die Obstbaumblüte Anfang Mai und die bunten Blumenmeere machen das Gehen zu einem Schlendern durch einen üppigen Garten der Natur, die herrlichen Ausblicke über die am Vormittag noch im Gegenlicht funkelnden blaugrünen Fluten des großen Alpensees werden, ohne dafür große Anstrengung zu investieren, zu einem bleibenden Erlebnis.

Außerdem passiert man ein verstecktes kleines Naturjuwel: ein sogenanntes Toteisloch als Überbleibsel der letzten Eiszeit. Die Rede ist vom unter Naturschutz stehenden Egelsee, der in einer von Moränenschutt verdichteten Mulde liegt. Er ist das Zentrum eines nur wenige Hektar großen Hochmoors, in dem viele seltene Pflanzen wachsen, darunter der insektenfressende Sonnentau sowie 12 Orchideenarten. Ein Holzsteg führt direkt an das dunkle Moorwasser heran, in dem sich wunderbar die Wolken und in der Ferne der Leonsberg spiegelt.

Bevor man nach Unterach hinabwandert, durchschreitet man noch einen Edelkastanienwald, eine weitere Besonderheit, da nirgendwo sonst in den nördlichen Alpen diese Kastanienart die volle Reife erlangt. Der Weg ist als Waldlehrpfad angelegt und Schautafeln verweisen auf das hier besonders milde Klima, welches das Wachstum der sonst nur im sonnigen Süden gedeihenden Edelkastanien begünstigt. Der hier im Jahre 1908 gepflanzte Jubiläumsbaum erinnert an das damalige 60-jährige Regierungsjubiläum von Kaiser Franz Joseph.

Unterach am Südende des Attersees. Das Schiff auf dem See verweist auf die Möglichkeit, bei einer Rundfahrt das „Meer des Salzkammerguts" auch vom Wasser aus zu erleben.

Das Strandbad von Unterach mit den Abstürzen des Höllengebirges im Hintergrund.

UNTERACH UND DIE BURGGRABENKLAMM

In Unterach angekommen, hat sich der Attersee vom mediterranen Norden zu einem echten Bergsee gewandelt. An allen Seiten gewinnen die steilen bewaldeten Hänge schnell an Höhe, nur ein Taleinschnitt der Seeache, den auch eine Straße begleitet, verbindet Unterach mit dem nur vier Kilometer entfernten Mondsee. Blickt man vom schönen Strandbad aus über den See, sieht man die senkrechten Felsmauern des Höllengebirges in den Himmel wachsen.

Wenn auch kleiner als Seewalchen und Schörfling, war auch Unterach einst ein beliebter Sommerfrischeort und Treffpunkt der Szene aus Kunst und Wissenschaft. Beim Spazieren entlang der Uferstraße kommt man an prachtvollen Villen vorbei und zahlreiche Bootshäuser verweisen noch immer an die Zeit, als man Unterach gerne als „Klein-Venedig" bezeichnete. Ein Denkmal erinnert an Viktor Kaplan, den großen Maschinenbauingenieur und Erfinder der Wasserturbine, der hier seinen Lebensabend verbrachte. Gustav Klimt hat den Ort von Weißenbach aus durch sein Fernrohr gemalt, was man ihm 2003 mit einer ihn darstellenden Büste dankte. Andere prominente Persönlichkeiten, die in den Sommermonaten in Unterach Erholung suchten, waren Johannes Brahms, Hugo Wolf oder Maria Jeritza.

An den Ausläufern des Schafbergs führt bei Burgau ein bezeichneter Weg in die Burggrabenklamm, eine wildromantische Schlucht mit einem 40 Meter herabstürzenden Wasserfall. Gerade an heißen Sommertagen ist es zwischen den lotrechten Felswänden angenehm kühl und das Rauschen des Wassers ein wohlklingendes Geräusch. Die meisten begnügen sich mit einer Erfrischung im vorderen Klammabschnitt, folgt man dem Burggraben aber weiter, gelangt man hinauf in schönes Almgelände. Einer der Wege führt hinüber zur Eisenauer Alm, welche unter den Nordabstürzen des Schafbergs liegt, auf dem anderen kommt man über die Moosalm zum naturbelassenen Schwarzensee.

DAS BERGSTEIGERDORF STEINBACH UND DAS WESTLICHE HÖLLENGEBIRGE

Obwohl die hohen Berge um den Attersee eigentlich eine Mangelware darstellen, gibt es an der Südostseite zwischen Weißenbach und Steinbach einen grandiosen Kammverlauf, der für konditionsstarke Wanderer zu einem absoluten Highlight wird. Schon der Blick hinauf lässt erahnen, welch spektakuläre Tiefblicke sich entlang der senkrechten Westabstürze des Höllengebirges ergeben mögen. Der kürzeste Aufstieg zum ersten Logenplatz ist jener von Weißenbach aus auf den Schoberstein. Dort, wo die Straße ins gleichnamige Tal abzweigt und hinüber ins Trauntal führt, beginnt ein steiler Steig, der schnell an Höhe gewinnt. Gut 500 Höhenmeter sind es bis zum Gipfelkreuz des Schobersteins, der bereits einen schönen Ausblick zum Mondsee gewährt, während tief unter den Füßen die Südbucht des Attersees glänzt.

Direkt an den Felswänden des Höllengebirges gelegen, hat man dem Ort Steinbach den Titel „Bergsteigerdorf" verliehen.

Blick über den schönen Friedhof bei Steinbach auf die Segelschiffe am Attersee.

In Weißenbach führt ein Wanderweg hinauf zum aussichtsreichen Schoberstein.

Morgenstimmung bei Weyregg am Attersee. Im Hintergrund der Schafberg.

Viele steigen vom Schoberstein denselben Weg wieder hinab, wer weiter geht, wird aber vom bereits Erlebten eine unvergleichliche Steigerung erfahren. Noch einmal geht es über die Mahdlschneid 500 Höhenmeter hinauf zum Dachsteinblick, den ebenfalls ein Gipfelkreuz ziert. Wie sein Name schon verrät, erblickt man von hier nicht nur die Gletscher der fernen Bergmajestät, sondern unter einem spannt sich der große Attersee in seiner ganzen Länge auf.

Wenn das Wetter passt, wird man sich kaum satt sehen können und eine Weile bleiben, bevor man sich entscheiden muss: Einer der Wege führt über die Brennerin zum bewirtschafteten Hochleckenhaus hinüber, ein anderer über den Brennerriesensteig hinab nach Steinbach.

Angesichts der Lage von Steinbach vor dieser spektakulären Felsbühne verwundert es nicht, dass der kleine Ort den Beinamen Bergsteigerdorf führt. Bereits Gustav Mahler verarbeitete hier den starken Kontrast zwischen dem Smaragdgrün des Sees und den sonnenwarmen Kalkwänden in seinen Werken. Das kleine Komponierhäuschen, in dem der geniale Musiker seine ersehnte Ruhe fand, steht heute noch originalgetreu auf einer Wiese am See. Andere große Künstler wie Friedrich Gulda oder Heimito von Doderer fanden ebenso in Steinbach ihre Inspiration.

Besonders schön liegt im Ort die kleine spätgotische Kirche an einem Wiesenhang, umgeben von alten Obstbäumen. Bei Grabungen hat man im angrenzenden Friedhof in Stein gemeißelte Gottheiten gefunden, die auf die Kelten verweisen. Die christliche Kirche ist immerhin seit dem Jahr 760 belegt. Blickt man über die schmiedeeisernen Kreuze und die Friedhofsmauern hinweg, sieht man draußen am See die Segelschiffe, wie sie ihre Runden drehen.

ATTERSEE

Als Ausgangspunkt für Bergwanderungen ist Steinbach der ideale Ort. Von hier führt auch eine Passstraße hinüber zum Traunsee. Die meisten Wanderer halten auf dieser Fahrt bei der Taferlklause und begeben sich auf den Weg hinauf zum Hochleckenhaus, einem beliebten Stützpunkt auf der Hochfläche des Westlichen Höllengebirges. Bei ausreichender Fitness kann man von hier zur langen aber beeindruckenden Überschreitung einer faszinierenden Karstlandschaft aufbrechen, auf der man über die Rieder Hütte bis hinüber zum Feuerkogel gelangt. Kürzere Exkursionen führen von der gemütlichen Schutzhütte auf die Brennerin, auf den Hochleckenkogel und den Brunnkogel.

WEYREGG UND DER GAHBERG

Nördlich von Steinbach liegt am Ostufer in wieder flacheren Gefilden der Ferienort Weyregg. Wie in der Gemeinde Seewalchen hat man auch hier Überreste einer jungsteinzeitlichen Pfahlbaukultur gefunden. Unzählige unter Wasser liegende Pfähle entlang der Landungsbucht geben Hinweise, dass der Attersee bereits 3800 v. Chr. dicht besiedelt war. Außerdem gibt es Belege, dass die Römer hier eine größere Hafenanlage betrieben haben, deren steinerne Relikte versunken auf dem Seeboden liegen, die man teilweise sogar mit freiem Auge erkennen kann. In Weyregg lohnt es sich also, auf Spurensuche zu gehen.

Augenscheinlicher im Ort ist freilich das Hotel Kaisergasthof, das einst eine kaiserliche Poststation gewesen ist. Dieser seit 1988 in Familienbesitz befindliche Betrieb beherbergt auch ein kleines Museum mit einigen interessanten Original-Schriftstücken der Habsburger. Sehenswert ist auch das Aquarium Weyregg, das ausgezeichnet über den reichen Fischbestand des Attersees informiert und in dem man in einem 9.000 Liter großen Becken viele der Fischarten aus nächster Nähe beobachten kann.

Als unmittelbare Ausflugsziele bieten sich von Weyregg aus der Wachtberg und der Gahberg an. Diese sanften Erhebungen mittlerer Höhe laden zum genussreichen Wandern ein und geben viele schöne Blicke auf den See frei. Gerne nennt man die beiden auch die „Sonnenberge", da sie sich besonders im Herbst, wenn unten der Nebel weilt, im Licht baden. Der Astronomische Arbeitskreis Salzkammergut betreibt auf dem Gahberg eine Sternwarte, in der regelmäßig auch Führungen stattfinden.

Blick von Weißenbach gegen Steinbach.

ATTERSEE

Im Yachthafen der Ortschaft Attersee warten die Segelschiffe auf ihren
Einsatz an einem bevorstehenden Sommertag.

LITZLBERG

Sonnenaufgang vor der Leitlinsel bei Litzlberg. Ein erster Segler nimmt Kurs hinaus auf die weiten Wasserflächen des Sees.

ATTERSEE

ORT ATTERSEE

Blick vom Kirchenhügel der Ortschaft Attersee nach Süden. Noch ist es an einem Sommermorgen ruhig im „Meer des Salzkammerguts", bevor darin die vielen Segler ihre Bahnen ziehen werden.

ATTERSEE

WEYREGG - WACHTBERG

Eine Nebelbank hängt am frühen Morgen über der Ortschaft Weyregg. Darüber erfreuen sich der Wachtberg und der Gahberg bereits der Sonne.

ATTERSEE

Wenn am Nachmittag der Rosenwind über das Wasser weht,
wird der See von hunderten Segelschiffen bevölkert.

WEYREGG

Ein perfekter Sommertag am Attersee. In der Ferne glitzert das „Meer" vor dem Höllengebirge im Gegenlicht.

ATTERSEE

UNTERACH - EGELSEE

Auf dem Attersee West-Wanderweg von Nußdorf nach Unterach ergeben sich immer wieder schöne Aussichten über den See, wie hier in der Nähe des Naturschutzgebietes Egelsee.

ATTERSEE

BRENNERIN

Wer den Attersee in seiner ganzen Länge überblicken will, muss hoch hinauf auf die Brennerin. Diese Bergtour von Weißenbach aus über den Brennerriesensteig ist anspruchsvoll, aber überaus lohnend.

ATTERSEE

HÖLLENGEBIRGE - BRUNNKOGEL

An einem Novembertag steht das beeindruckende 14 Meter hohe Gipfelkreuz des Brunnkogels über einem Nebelmeer. Nachdem es ein Wintersturm geknickt hatte, wurde es von der HTL Vöcklabruck 2013 neu errichtet. Als einer der höchsten Gipfel im Höllengebirge zählt der Brunnkogel in Verbindung mit dem Hochleckenhaus zu einer beliebten Bergtour.

MONDSEELAND

MARKT MONDSEE - MONDSEEBERG - ST. LORENZ - DRACHENWAND - KREUZSTEIN

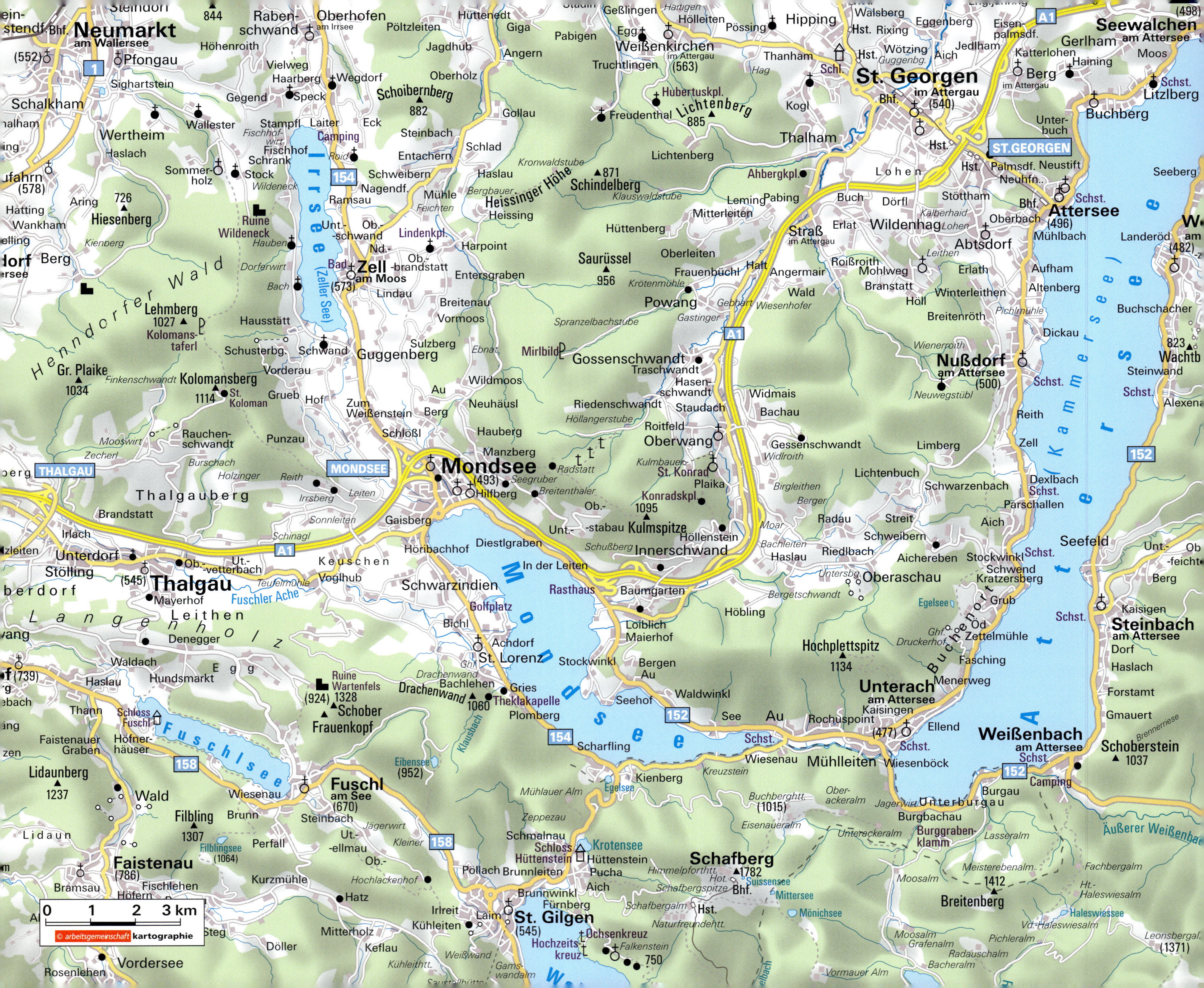

Neumarkt am Wallersee
Pfongau
Oberhofen am Irrsee
Irrsee
Zell am Moos
Mondsee
St. Georgen im Attergau
Seewalchen am Attersee
Attersee
Abtsdorf
Nußdorf am Attersee
Unterach am Attersee
Weißenbach am Attersee
Steinbach am Attersee
Thalgau
Fuschl am See
Fuschlsee
St. Gilgen
Mondsee
Attersee
Schafberg
Kulmspitze
Oberwang
Innerschwand
St. Lorenz
Hochplettspitz
Schoberstein
Faistenau
Hof
Henndorfer Wald
Thalgauberg
Lichtenberg
Saurüssel
Heissinger Höhe
Schindelberg
Lehmberg
Kolomansberg
Gr. Plaike
Hiesenberg
Straß im Attergau
Schwaigern
Vordersee
Krotensee
Schober
Frauenkopf
Drachenwand
Lidaunberg
Filbling
A1
154
158
152
THALGAU
MONDSEE
ST.GEORGEN
0 1 2 3 km
© arbeitsgemeinschaft kartographie

EINE MONDÄHNLICHE SICHEL

Woher der Mondsee seinen Namen hat, weiß man nicht mehr genau, aber vielleicht ist es einfach nur seine sichelartige Form, welche die früheren Bewohner zu dieser Namensgebung anleitete. In einer Legende heißt es: Im 8. Jahrhundert verirrte sich der Bayernherzog Odilo auf der Jagd im Wald und es überraschte ihn die Dunkelheit. In der Nacht kam er in immer schwierigeres Gelände. Er drohte über eine Felswand zustürzen. Da löste sich aus den Wolken der Mond und er sah unter seinen Füßen den Seespiegel, der ihm wieder Orientierung gab. Als Dank für seine Rettung durch das Licht des Erdtrabanten taufte er den See Mondsee und errichtete an seinem Ufer ein Kloster.

Ob diese Geschichte stimmt, ist ungewiss, aber Urkunden belegen, dass der aus dem Geschlecht der Agilolfinger stammende Odilo 748 tatsächlich am Mondsee eine Abtei gegründet haben soll. Was heute ein wunderbares Schloss ist, war über tausend Jahre nachweislich ein Kloster, von dem aus im 10. Jahrhundert auch der Bischof von Regensburg - der später heilig gesprochene Wolfgang - seine Mission antrat.

Die Spuren der Geschichte reichen in Mondsee über Odilo hinaus noch viel weiter zurück. Nur zwei Jahre, nachdem man 1870 am Attersee Überreste einer neolithischen Pfahlbausiedlung entdeckt hatte, fand man Ähnliches auch am Mondsee. Im Schlamm des Seebodens wurde unter Luftabschluss auch organisches Material wie Holz und Textilien hervorragend konserviert, was für Archäologen beste Bedingungen schafft. Umfangreiche Forschungen in den 1970-er und 1980-er Jahren haben viele Gegenstände ans Tageslicht gebracht, die Rückschlüsse auf die einstigen Lebensbedingungen erlauben. Aufgrund dieser bedeutenden Funde sowie besonderer Keramik-Formen spricht man in der Zeit von 3800 bis 3300 v. Chr. im Ostalpenraum sogar von einer Mondseekultur. Seit 2011 gehören diese unter Wasser liegenden Pfahlbaufelder am Mondsee zum Weltkulturerbe der UNESCO.

Zum eigentlichen Mondseeland gehört auch noch der weiter nördlich gelegene Irrsee, der sich vom Mondsee jedoch deutlich unterscheidet. Er ist bereits weit ins Alpenvorland gerückt, ist von einem Schilfgürtel umgeben und steht zur Gänze unter Naturschutz. Der Irrsee bietet vielen seltenen Vogelarten ein Refugium sowie erholungssuchenden Menschen reichlich Raum zur Entspannung.

Der Mondsee hingegen schlägt bereits eine deutliche Kerbe in die Berge hinein. Kommt man von Norden, also vom Irrsee her, dominiert am Südende des Sees die markante Nase des Schafbergs, während sein Westufer von der senkrecht aufragenden Felsmauer der Drachenwand begrenzt wird. Viele halten den Mondsee für das Tor zum Salzkammergut, obwohl er selbst bereits mit allen Reizen spielt, die man eben mit diesem Landschaftsbegriff in Verbindung bringt. Ob Fischer, Badegast, Segler oder Wanderer, der See und seine Umgebung bieten für alle ein reiches Betätigungsfeld. Für die Tourismusverbände gehört der Mondsee zum Salzkammergut jedenfalls fix dazu, historisch betrachtet war er wie der Attersee ein wichtiger Holzlieferant für die Salinen.

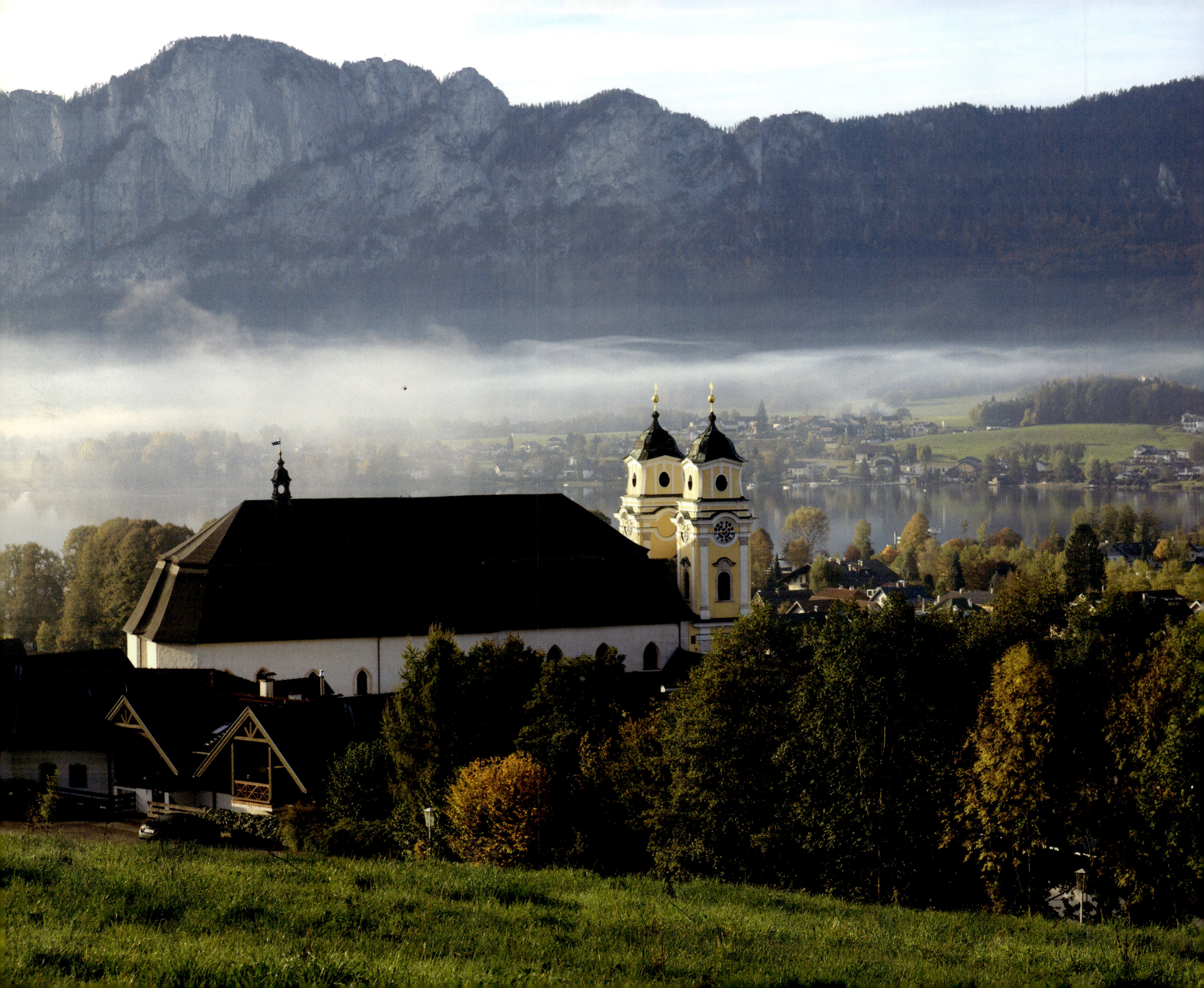

MARKT MONDSEE UND DER MONDSEEBERG

Wo im Norden die Zellerache den See erreicht und eine breite Verlandungszone ausgebildet hat, liegt die Marktgemeinde Mondsee. Wer sich dem Ort nähert, dem fällt sofort das wuchtige Schloss Mondsee auf, das weit über die übrigen Dächer hinausragt. Einst war es eines der ältesten Klöster des Landes und für die Region von zentraler Bedeutung.

Als Herzog Odilo das Kloster im 8. Jahrhundert gegründet hat, gehörte das Mondseeland noch zu Bayern und war vorerst nur dünn besiedelt. Nach der Eingliederung der Region ins Fränkische Reich wurde es Reichskloster und konnte während dieser Zeit große Besitztümer anhäufen. Berühmt wurde es auch für seine Schreibschule und für die handschriftlichen Bibelübersetzungen. So entstand hier der so genannte Tassilopsalter, ein kunstvoll ausgestaltetes Gebetsbuch für Herzog Tassilo, sowie im 9. Jahrhundert die „Mondseer Fragmente", die ältesten Übertragungen christlicher Schriften ins Althochdeutsche.

Das den Ort überragende Schloss Mondsee hat eine lange Geschichte. Im Hintergrund dominiert über dem See die Drachenwand.

An einem Spätsommernachmittag ist die Seepromenade in Mondsee dicht mit Spaziergängern bevölkert.

Blick von der Seepromenade Richtung Schafberg.

Oberhalb des Schlosses steht das „Mondseer Rauchhaus", ein Jahrhunderte altes Bauerngehöft, das als Freilichtmuseum für jedermann zugänglich ist.

Die im Rauchhaus original erhaltene Einrichtung vermittelt einen Eindruck vom Leben der damaligen Zeit.

Seit der Auflösung des Klosters im Jahr 1791 wird der Gebäudekomplex heute als Schloss geführt und verspricht dem Besucher interessante Einblicke. Im Schlosshotel kann man in die Atmosphäre des ehemaligen Benediktiner Klosters eintauchen und sich auch kulinarisch vorzüglich verwöhnen lassen. In der einstigen Klosterbibliothek befindet sich neben dem Heimatmuseum auch das ansprechende Pfahlbaumuseum.

Dem Schloss angegliedert, findet man in der großen Basilika reiche Kunstschätze vom Bildhauer Meinrad Guggenbichler, der gerne auch als „der Meister von Mondsee" bezeichnet wird. Die meisten der wunderbaren barocken Altäre unter dem dreischiffigen Netzrippengewölbe stammen aus seiner Hand. Die 52 Meter hohe Doppelturmfassade wurde 1730 zum 1000-jährigen Bestehen des Klosters errichtet.

Eine weitere Sehenswürdigkeit, die man sich nicht entgehen lassen sollte, ist ein Freilichtmuseum, das als „Mondseer Rauchhaus" bekannt ist. Es befindet sich am Hang oberhalb des Schlosses und zeigt ein mehrere hundert Jahre altes Gehöft, wie es im Mondseeland einst überall anzutreffen war. Das Besondere dabei ist, dass es keinen Kamin hat sowie Wohneinheit, Stall und Stadel unter einem Dach vereint. Die rußgeschwärzten Wände verweisen dabei auf den Rauch, der frei unter dem Dach abzog und das im Rauchboden gelagerte Getreide trocknete. Durch die original erhaltene Einrichtung mit allen möglichen Utensilien bekommt man einen guten Eindruck, wie die Menschen damals gelebt haben.

MONDSEELAND

Oberhalb der Autobahn, über die der Ort Mondsee eine gute Verkehrsanbindung verfügt, führt eine schmale Straße hinauf in Richtung Mondseeberg mit mehreren herrlichen Aussichtspunkten über die gesamte Region. Geologisch gehört dieses Gebiet bereits in die quellreiche Flyschzone, die den Übergang ins Alpenvorland bildet. Auf einem bewaldeten, knapp tausend Meter hohen Kammverlauf kann man von Hauberg aus über den Mondseeberg zur Kulmspitze wandern und von dort über Oberstabau und Dürnberg entspannt nach Mondsee zurückkehren. Diese Rundtour bietet eine attraktive Mischung aus teilweise einsamen Waldwegen und offenem Kulturland, dabei hat man den See, den Schafberg und die Drachenwand immer schön im Blickfeld.

DIE DRACHENWAND UND SCHWARZINDIEN

Wie fast jeder der großen Salzkammergutseen mit einem markanten Berg wirbt, so tut dies der Mondsee mit der Drachenwand. Wuchtig und steil türmt sie sich am Westufer in den Himmel und springt jedem Reisenden sofort ins Auge. Wenn auch - an der Gesamthöhe gemessen - anderen Bergen unterlegen, so besticht sie durch ihre lange makellose Wandflucht. Für Kletterer sind es immerhin 400 senkrechte Höhenmeter bis zum 1176 Meter hohen Gipfel.

Einen besonderen Reiz für eine Besteigung bildet der 2008 eröffnete Klettersteig, der innerhalb kürzester Zeit zum beliebtesten Eisenweg des Salzkammerguts avancierte. Die spektakuläre Routenführung über den Ostgrat ist teilweise sehr ausgesetzt, mit dem Mondseeblick aus der Vertikalen aber ein atemberaubendes Erlebnis. Höhepunkt ist eine schwindelerregende Seilbrücke, die den Grat mit einem aus ihm herausragenden Pfeiler verbindet, sowie ein „Jausenbankerl", das über dem Abgrund in die senkrechte Wand montiert wurde. Der Klettersteig gilt als mittelschwer und ist für Geübte mit entsprechender Ausrüstung ein Highlight, das man sich nicht entgehen lassen sollte.

Am Fuße der Drachenwand liegt das malerische Dorf St. Lorenz. Die barocke Kirche erfreut sich einiger Werke von Meinrad Guggenbichler, dem „Meister vom Mondsee".

Auf Entdeckungsfahrt auf einem der wärmsten Seen im Salzkammergut.

Am sommerlichen Badeplatz „Schwarzindien".

Weniger versierte Berggeher nehmen auf die Drachenwand den Normalweg, der immer noch steil, aber aufgrund der Gipfelexposition überaus lohnend ist. Oben angekommen, kann man durch das Drachenloch schauen, ein Felsfenster, das einen extravaganten Tiefblick zum Mondsee freigibt. Der Sage nach hat einst ein Drache in St. Wolfgang eine Jungfrau entführt und ist auf der Flucht - durch die Last an seinen Beinen - mit der Felswand kollidiert. Der Aufprall war so heftig, dass er ein Loch durch die Wand schlug, das - heute noch sichtbar - den St. Wolfgang-Pilgern zu ihrem „Heile" als Kultobjekt dient.

Unterhalb der Drachenwand liegt an der Fuschler Ache, die vom Fuschlsee herüber den Mondsee speist, die charmante Gemeinde St. Lorenz. Zu ihr gehört nicht nur eine sehenswerte barocke Kirche mit Werken von Meinrad Guggenbichler sondern auch ein Ortsteil mit dem sonderbar anmutenden Namen „Schwarzindien". Zu dieser verwunderlichen Namensgebung kam es angeblich bereits 1880, als man Jugendliche von einem Badeplatz verbannte, der nur ruhebedürftigen Kurgästen vorbehalten war. Die damals im Sommer braungebrannten Einheimischen suchten sich daraufhin an einem damals noch sumpfigen Uferabschnitt ihren eigenen Platz, den sie aus Protest „Schwarzindien" tauften. Heute besitzt Schwarzindien ein schönes und trockenes Strandbad, in dem sich nach einer Drachenwandbesteigung vorzüglich ein Bad nehmen lässt.

MONDSEELAND

DER KREUZSTEIN UND DIE NORDSEITE DES SCHAFBERGS

Zu einem beliebten Fotomotiv und somit fast zu einem Wahrzeichen des Mondsees ist der am Südende des Sees gelegene Kreuzstein geworden, ein markanter Felsen, der nahe des Ufers aus dem Wasser ragt und den zwei Kreuze zieren. Welche Bedeutung er hat, lässt sich nicht mehr genau rekonstruieren, aber angeblich erinnert er an einen Pferdekutschenunfall im 18. Jahrhundert, bei dem an dieser Stelle alle Insassen ums Leben kamen. Trotzdem ist er heute auch ein willkommener Badeplatz und zählt zu den reizvollsten Plätzen, an denen man entlang der hier teilweise durch Tunnels geführten Uferstraße gerne Halt macht.

Von hier ist es auch nicht mehr weit hinüber zum Attersee, in den sich der Mondsee über die vier Kilometer lange Seeache ergießt. Von diesem Abschnitt führen zwei Wege durch steiles Waldgelände hinauf zur Eisenauer Alm, einem malerischen Almgelände vor den Nordabstürzen des Schafbergs. Die weiten Wiesen vor der eindringlichen Felsbarriere gleichen einem Garten, der im Frühsommer mit einer üppigen Blumenpracht strotzt. Die bewirtschaftete Buchberghütte lockt dazu mit hausgemachten Spezialitäten.

Steigt man von der Alm aus weiter hinauf, gelangt man zu zwei idyllischen Seen, die direkt unter der Schafberg-Nordwand liegen. Sie sind winzig, strahlen aber durch ihre Abgeschlossenheit so viel Ruhe aus, dass man an ihnen gerne verweilt. Auf einem gesicherten Steig erreicht man von hier aus durch die legendäre Himmelspforte auch den Gipfel des Schafbergs und genießt eine Panorama-Rundschau, die einem wieder einmal - wie so oft im Salzkammergut - den Atem raubt.

Die schön gelegene Eisenaueralm unter den Nordwänden des Schafbergs. Vom Südende des Mondsees führen zwei Wege hinauf.

MONDSEELAND

MONDSEEBERG

Sonnenaufgang am Mondseeberg. Während der See noch teilweise im Schatten liegt, erstrahlen der Schafberg und die gegenüberliegende Drachenwand bereits im Sonnenlicht.

MONDSEELAND

MARKT MONDSEE

Ein Bummelzug wartet vor der Basilika Mondsee auf Gäste. Auf einer Fahrt wird man mit den vielen Sehenswürdigkeiten der Marktgemeinde vertraut gemacht.

MONDSEELAND

MARKT MONDSEE

Morgenstimmung an der Seepromenade in Mondsee. Langsam lösen sich der Schafberg und die Drachenwand aus dem Nebel.

MONDSEELAND

SCHWARZINDIEN

Herbstimpression am Badeplatz Schwarzindien. Mit der untergehenden Sonne spiegelt sich golden der Mondseeberg im See.

MONDSEELAND

Seit seiner Erbauung ist der Drachenwand-Klettersteig der beliebteste im Salzkammergut. Spektakulär verbindet eine Hängebrücke den Steig mit einem aus dem Grat ragenden Felspfeiler.

DRACHENWAND - KLETTERSTEIG

MONDSEELAND

KREUZSTEIN

Direkt an der Uferstraße am Südende des Mondsees steht der Kreuzstein als beliebtes Fotomotiv. Um seine Herkunft ranken sich verschiedene Legenden.

FUSCHLSEE

FUSCHL AM SEE - SCHLOSS FUSCHL - SCHOBER - FILBLING

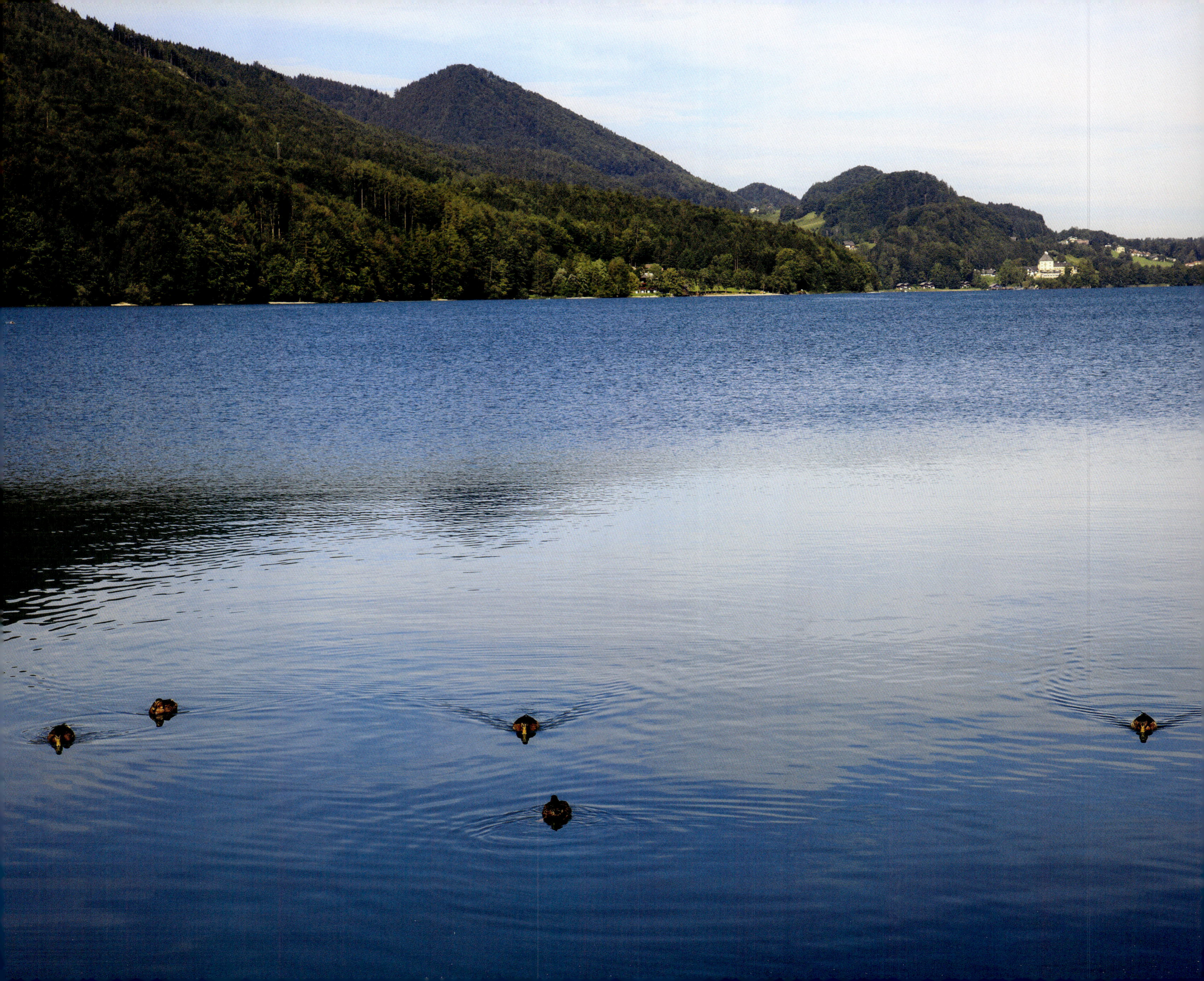

EIN SEE MIT TRINKWASSERQUALITÄT

Bereits gänzlich zum Bundesland Salzburg gehört der Fuschlsee, der, von der Mozartstadt Salzburg kommend, im Westen den Eintritt ins Salzkammergut bildet. Mit einer Länge von vier Kilometern ist er deutlich kleiner als die anderen großen Seen der Region, hat sich dafür aber noch viel von seiner Ursprünglichkeit bewahren können. Die Ufer des Fuschlsees sind großteils unverbaut und gleichen einem grünen Garten aus Wäldern und bunten Blumenwiesen, sein Wasser ist glasklar und besitzt Trinkwasserqualität. Ausgewiesen als Landschaftsschutzgebiet gilt ein allgemeines Motorboot-Verbot, das noch zusätzlich die ruhige Atmosphäre und den Gesamteindruck eines großen natürlichen Bergsees verstärkt.

In der Geschichte wird der Fuschlsee erstmals im Jahr 790 erwähnt. Er gehörte damals zum Bistum Salzburg. Angelockt vom großen Fischreichtum, kamen die ersten Siedler wohl aus Bayern, deren Grundrechte aber dem Erzbischof unterstellt blieben. Bemerkenswert ist, dass in der Gegend schon früh viele Mühlen entstanden sind, vorwiegend Sägemühlen, die die Wasserkraft der heranströmenden Bäche nutzten. Eine davon ist die historische Hundsmarktmühle, eine Getreidemühle aus dem 16. Jahrhundert, die etwas versteckt am Nordwestende des Sees liegt. Sie wird als Freilichtmuseum geführt und zeigt zahlreiche Originalobjekte wie das Mühlenrad, einen vollständigen Mahlgang mit Walzstuhl sowie einen Holzbackofen. Im Garten vor dem schönen Haus werden auch Veranstaltungen organisiert.

Ein beliebtes Postkartenmotiv und ein Markenzeichen des Sees ist das auf einer kleinen Halbinsel idyllisch gelegene Schloss Fuschl. Es wurde im 15. Jahrhundert von den Salzburger Erzbischöfen im Renaissancestil errichtet und diente ihnen lange Zeit als Jagdschloss. In den 1950-er Jahren wurde es dann zur Filmkulisse für Romy Schneider, die hier in ihrer Rolle als Kaiserin Sisi weltberühmt wurde. Heute beherbergt das Schloss ein Luxushotel mit verschiedenen Turmsuiten, in denen sich jeder wie der Kaiser selbst fühlen kann. Ein dem Hotel direkt angegliederter Golfplatz unterstreicht dieses besondere Ambiente.

Für Leute mit einer weniger dicken Brieftasche bietet sich der gemütliche Ferienort Fuschl am See an. Sich beschaulich um das Ostende des Sees schmiegend, finden sich in dem einstigen Fischerdorf zahlreiche Unterkünfte, um einen erholsamen Urlaub zu verbringen. Direkt am Strandbad kann man sich Tretboote ausleihen und sich auf ihnen gemächlich über das Wasser treiben lassen. Empfehlenswert ist auch der ca. vier Stunden dauernde Seerundweg, ein Wald- und Wiesenpfad, auf dem man die Seele baumeln lässt und dabei geruhsam alle Schauplätze kennenlernt.

Auf einer Wanderung um den Fuschlsee kommt man an der historischen Hundsmarktmühle vorbei, der man einen Besuch abstatten sollte. Themenschwerpunkt im Museum ist „Vom Korn zum Brot".

BURG WARTENFELS UND DER SCHOBER

Die Berge um den Fuschlsee sind von eher sanfter Natur und erreichen mittlere Höhen von 800 bis knapp 1300 Metern. Der Markanteste unter ihnen ist der von weitem sichtbare Schober, der über die Schatzwand in einem langen Kamm mit der Drachenwand am Mondsee eine Verbindung hat. Wie sein dort bekannter Nachbar ist auch er ein Felsberg, wenn auch seine Wände nicht ganz so steil und wuchtig sind. Sein Sockel ist bis weit hinauf von Wald umgeben, der kurze Gipfelaufbau verlangt vom Wanderer aber dann doch noch etwas Trittsicherheit.

Für eine Besteigung des Schobers startet man am besten in Fuschl am See. Der Wegverlauf führt zunächst über kupiertes Wiesengelände an einigen Bauernhöfen vorbei und durch Wälder hinauf zur Burg Wartenfels - oder, besser gesagt, zu deren Überresten. Alternativ kommt man hierher auch auf einer schmalen Bergstraße mit dem Auto.

Die Errichtung dieser Burg auf einer kühnen Felsrippe geht auf einen gewissen Konrad von Wartenfels im 13. Jahrhundert zurück. Einige Zeit diente sie den Salzburger Erzbischöfen als Pflegegericht, bis sie im Bauernkrieg 1525/26 fast

Fuschl am See. Wer Erholung sucht, ist hier genau richtig.

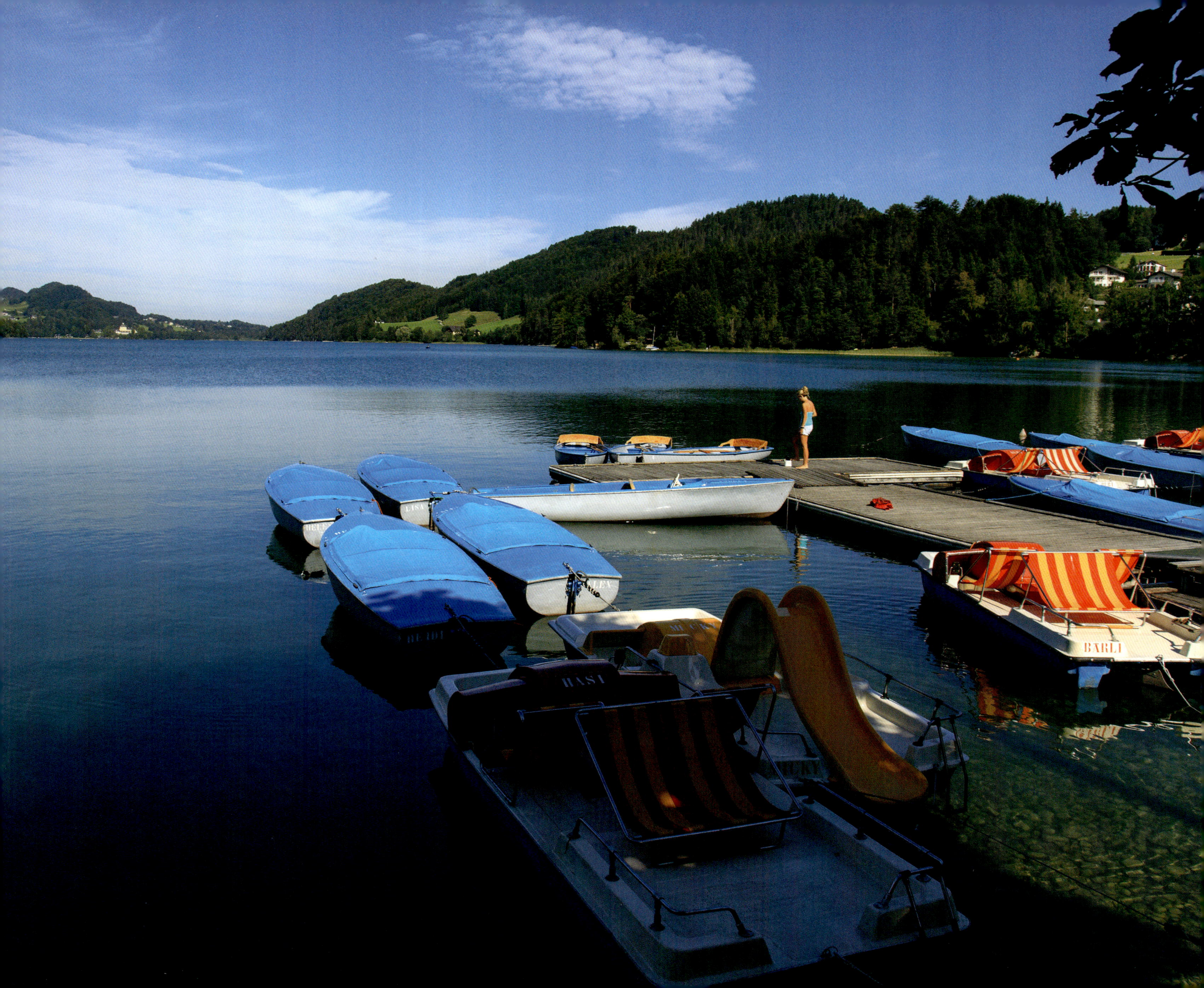
HASI
BARLI

FUSCHLSEE

Auf einer Halbinsel steht das einstige Jagdschloss der Salzburger Erzbischöfe. Heute befindet sich darin ein Luxushotel.

vollkommen zerstört wurde. Bevor sie dann endgültig verfiel, soll sich noch für einige Jahre der Alchemist Paracelsus in ihr aufgehalten haben. Das frühere Erscheinungsbild der Burg lässt sich jedenfalls kaum mehr rekonstruieren, dafür aber belohnen einen von den verfallenen Mauern aus schöne Ausblicke zum Mondsee und ins Alpenvorland.

Jenseits der Burgruine wird der Weg steiler und ein kurzer gesicherter Steig geleitet einen hinauf zum Schobergipfel. Was man weiter unten schon erahnt hat, bewahrheitet sich jetzt: Der Schober ist eine grandiose Aussichtswarte mit weitreichender Sicht auf viele Berge und insgesamt sieben Salzkammergutseen. Ein Rundweg führt vom Hauptgipfel hinüber zum Frauenkopf, von dem aus der Fuschlsee einem wunderbar zu Füßen liegt.

Aufgrund seiner Bekanntheit ist der Schober ein unter Wanderern sehr beliebter Berg und an den Wochenenden entsprechend gut besucht. Wer es ruhiger und auch weniger steil mag, dem sei der an der Südseite des Fuschlsees gelegene Filbling ans Herz gelegt. Er bietet von seinem Gipfel eine fast ebenso großartige Schau und kann zudem noch mit einem kleinen märchenhaften Waldsee - dem Filblingsee - aufwarten.

Eine Wolkenformation über dem Schober lässt den Berg wie einen rauchenden Vulkan erscheinen.

FUSCHLSEE

FUSCHL AM SEE

Panoramablick vom Ort Fuschl am See.
Rechts im Bild wacht der Schober.

FUSCHLSEE

FUSCHL AM SEE - NORDUFER

Ende Oktober leuchtet die Landschaft um den Fuschlsee in goldenen Farben. Im Hintergrund erstreckt sich der waldreiche Bergrücken des Filbling.

FUSCHLSEE

SCHOBER - FRAUENKOPF

Die beste Aussicht über den Fuschlsee genießt man vom Gipfel des Frauenkopfs, einem Nachbarberg des Schobers.

FUSCHLSEE

Ein schönes Naturstrandbad findet sich in der Nähe der Hundsmarktmühle.

NORDUFER

Zwei Schwäne vor dem winterlichen Schloss Fuschl.

ALMTAL

GRÜNAU IM ALMTAL - ALMSEE - ÖDSEEN

Während auf den Bergen des Toten Gebirges noch Schnee liegt, hat am Almsee bereits der Frühling Einzug gehalten.

JENSEITS DES SALZKAMMERGUTS

Ein Hallstätter mag vielleicht protestieren, wenn es heißt, dass auch das Almtal noch zum Salzkammergut gehört. Historisch betrachtet ist dieser Zweifel auch durchaus angebracht: Bezieht man seine Stellungnahme jedoch auf den Landschaftsbegriff Salzkammergut, passt es doch ganz vorzüglich dazu. Östlich des Traunsees, an der Nordseite des Toten Gebirges gelegen, vereint es den Reiz aus Seen und Bergen sogar mit einer immer mehr geschätzten Besonderheit: mit der Ursprünglichkeit und Ruhe der Natur.

Noch kaum reguliert, plätschert der Almbach über alte Wehranlagen durch das Tal, als hätte die Zeit für ihn eine andere Geschwindigkeit. Am Taleingang liegt der reizende Ort Grünau mit allen Annehmlichkeiten, die es braucht, um einen erholsamen Urlaub zu verbringen. Folgt man von hier durch waldbestandene Hänge dem glasgrünen Gebirgsbach aufwärts, ahnt man aber noch nicht, welch grandiose Bühne der Vorhang am Talschluss freigeben wird. Ist es dann nach zehn Kilometern und einer letzten Straßenkehre so weit, kann es leicht sein, dass man sich kurz der Wirklichkeit entrückt fühlt. Vor einem liegt der Almsee wie ein smaragdgrünes Juwel, in dem sich der hohe schroffe Gipfelreigen des Toten Gebirges spiegelt. Dieser Anblick gehört an einem frühen Sommermorgen zum Erhabensten, was das Salzkammergut zu bieten hat, und spätestens hier weiß man, dass man die Region noch nicht verlassen hat.

Der Almsee steht zur Gänze unter Naturschutz und weist einige Eigenheiten auf, die man am besten auf dem lohnenden Rundweg erfahren kann. In den ausgedehnten Flachwasserzonen hat sich

ALMTAL

ein vielschichtiger Vegetationsgürtel ausgeprägt, der zahlreichen Vogelarten als idealer Lebensraum dient. Einzigartig ist auch eine ausTreibholz entstandene Insel, die viele Jahre lang, je nach Windeinfluss, frei über das Wasser trieb, sich mittlerweile aber am Ufer festgesetzt hat. In den angrenzenden Moorböden finden sich seltene Pflanzenarten wie der Rundblättrige Sonnentau.

Außerdem ist das Almtal auch als „Tal der Vögel" bekannt geworden, da der Nobelpreisträger Konrad Lorenz hier seine berühmten Verhaltensstudien an Graugänsen durchgeführt hat. Die Nachfahren dieser in den 70-er Jahren angesiedelten Gruppe drehen im Almsee noch immer ihre Runden und gelten als die weltweit am längsten wissenschaftlich untersuchten Wirbeltiere. Was der „Vater der Graugänse" begonnen hat, wird heute in der Konrad Lorenz-Forschungsstelle anhand vielseitiger Studien - auch an anderen Vogelarten, wie Raben oder Waldrappen - intensiv weitergeführt. Interessenten sind gegen Voranmeldung gerne willkommen, jederzeit zugänglich ist hingegen der angrenzende und sehenswerte Cumberland Wildpark, in dem viele heimische Tierarten gezeigt werden.

Zwei weitere kleine Seen liegen etwas versteckt in einem Seitental: der Kleine und der Große Ödsee. Um sie zu erreichen, folgt man einer holprigen Forststraße, die kurz vor dem Almsee beim Gasthaus Jagersimmerl abzweigt. Nach acht Kilometern kommt man zum Almtaler Haus, einer Schutzhütte, die als idealer Ausgangspunkt für viele Bergtouren ins Tote Gebirge gilt. Zu den Ödseen führt von hier ein Rundweg durch ein herrliches Waldgebiet, in dem die Seen verborgen und wie verzaubert auf ihre Entdeckung warten. Im Großen Ödsee spiegelt sich perfekt die Schermberg-Nordwand, die mit 1400 Metern senkrechtem Fels die zweithöchste Wand der Ostalpen ist.

ALMTAL

Versteckt im Wald des Almtals liegen die beiden Ödseen. Im größeren der beiden spiegelt sich die Schermberg-Nordwand.

ÜBERSICHT DER LOHNENDSTEN WANDERUNGEN

INNERES SALZKAMMERGUT

Hallstättersee Ostuferweg
Ausgangspunkt: Bad Goisern, Ortsteil Obersee
Charakter: unschwierige Wanderung vor großartiger Kulisse, teilweise auf gut versicherter Steiganlage direkt über dem Wasser.
Gehzeit: Obersee - Bahnstation Hallstatt: 1,5 Std., Rückkehr über Hallstatt mit dem Schiff.

Echerntal Rundwanderweg
Ausgangspunkt: Hallstatt, Ortsteil Lahn.
Charakter: romantische Wanderung zu Wasserfällen und Gletscherschliffen, meist dem Waldbach folgend.
Gehzeit: Lahn - Simonydenkmal - Gletschergarten - Waldbachstrub - Lahn: 2,5 Std.
Höhenunterschied: 300m

Koppenwinkel Rundwanderweg
Ausgangspunkt: Obertraun
Charakter: breiter Spazierweg zu einem versteckten Naturjuwel; Abstecher zur Koppenbrüllerhöhle (Führung ca. 1 Std.) und zu einigen interessanten Karstquellen möglich.
Gehzeit: Obertraun - Gasthof Koppenrast - Koppenwinkellacke - Koppenwinkelalm - Obertraun: ca. 3 Std.
Höhenunterschied: 80m

Krippenstein - Karstlehrpfad
Ausgangspunkt: Obertraun, Seilbahnauffahrt zum Krippenstein (2074m)
Charakter: breit angelegter Weg auf dem die geologische Vergangenheit des Dachsteins spürbar wird.
Gehzeit: Bergstation Krippenstein - Heilbronner Kreuz - Gjaidalm: ca. 3 Std., zurück zur Bergstation Krippenstein mit der Seilbahn oder zu Fuß 1 Std., Abstecher zu den 5 Finger von der Bergstation 20 Min..
Höhenunterschied: 250m im Abstieg zur Gjaidalm.

Zwieselalm Rundwanderweg
Ausgangspunkt: Vorderer Gosausee, Seilbahnauffahrt
Charakter: einfache Bergwanderung durch schönes Almgelände.
Gehzeit: Bergstation - Gablonzer Hütte - Sonnenalm - Zwieselalm - Bergstation: ca. 2 Std.
Höhenunterschied: 150m im Auf- und Abstieg.

Vorderer und Hinterer Gosausee
Ausgangspunkt: Parkplatz Vorderer Gosausee
Charakter: leichte und sehr beliebte Wanderung auf breiten Wegen, Einkehrmöglichkeit auf der Holzmeisteralm.
Gehzeit: Vorderer Gosausee - Gosaulacke - Hinterer Gosausee - Holzmeisteralm: 2 Std., retour 1,5 Std.
Höhenunterschied: 250m

Gosau - Löckermoos (Hochmoor)
Ausgangspunkt: Gosau, Mittertal od. Hintertal
Charakter: leichte Bergwanderung, großteils auf Forststraßen; über das Moor führt der Weg auf breiten Holzstegen.
Gehzeit: Hintertal - Schleifsteinbrüche - Löckermoos: 2 Std. im Aufstieg, Rundweg Löckermoos 30 Min., Abstieg 1,5 Std.
Höhenunterschied: 500m

Goiserer Hütte - Hochkalmberg (1833m)
Ausgangspunkt: Bad Goisern
Charakter: Mittelschwere Bergwanderung, mehrere lohnende Varianten möglich, für die Überschreitung über den Niederen Kalmberg Schwindelfreiheit und Trittsicherheit erforderlich.
Gehzeit: zur Goiserer Hütte 3 Std., weiter auf den Hochkalmberg 1 Std., Abstieg 3-4 Std.
Höhenunterschied: zur Goiserer Hütte 1100m, zum Gipfel Hochkalmberg 1350m

Ewige Wand - Predigstuhl (1278m)
Ausgangspunkt: Bad Goisern
Charakter: leichte Bergwanderung mit einer großartigen Steiganlage durch die Ewige Wand, auf kurzen Passagen sind im Gipfelbereich Schwindelfreiheit und Trittsicherheit erforderlich.
Gehzeit: Bad Goisern - Ewige Wand - Predigstuhl: 2,5 - 3 Std., Abstieg 2 Std.
Höhenunterschied: zum Gipfel 750m

Hütteneckalm (1240m)
Ausgangspunkt: Bad Goisern, Parkplatz Berghof Predigstuhl 970m.
Charakter: einfache Bergwanderung auf guten Wegen zu einem der Lieblingsplätze von Sisi.
Gehzeit: Berghof Predigstuhl - Roßmoosalm - Zwerchwand - Hütteneckalm: 1,5 Std., Rückweg 1,5 Std.
Höhenunterschied: 300m

Hoher Sarstein (1975m)
Ausgangspunkt: Parkplatz Pötschenpass 990m
Charakter: großartige aber anspruchsvolle Bergtour, einige versicherte Passagen, Trittsicherheit und Schwindelfreiheit erforderlich, vom Gipfel weitreichende Aussicht.
Gehzeit: über die Sarsteinalm (1695m) zum Gipfel 3,5 Std., Abstieg 3 Std.
Höhenunterschied: 1000m

AUSSEERLAND

Durch das Koppental - von Bad Aussee nach Obertraun
Ausgangspunkt: Bahnhof Bad Aussee
Charakter: einfache Wanderung entlang der Traun durch ein tief eingeschnittenes Tal.
Gehzeit: 3 Std., Rückfahrt von Obertraun mit dem Zug.
Höhenunterschied: 150m

Altausseer-See Rundwanderung
Ausgangspunkt: Altaussee
Charakter: sehr beliebte Wanderung um einen Gebirgssee vor großartiger Kulisse; im Sommer Einkehr beim Jagdhaus Seewiese möglich.
Gehzeit: 1,5 - 2 Std.

Loser (1838m), Rundwanderung mit Gipfelbesteigung
Ausgangspunkt: Parkplatz Loserhütte, erreichbar über die Loser Panoramastraße
Charakter: unschwierige aber teilweise ausgesetzte Wanderung auf gut versicherten Steigen.
Gehzeit: Loser Hütte - Loser Gipfel - Hochanger - Loser Fenster - Augstsee - Loser Hütte: 2,5 Std.
Höhenunterschied: 450m

Blaa-Alm (900m)
Ausgangspunkt: Altaussee
Charakter: beliebte einfache Wanderung auf breiten Wiesenwegen.
Gehzeit: 2,5 Std.
Höhenunterschied: 200m

Trisselwand (1754m)
Ausgangspunkt: Tressensattel, Gasthaus Trisselwand, Zufahrt von Grundlsee
Charakter: herrliche Bergtour auf teilweise versicherten Wegen; grandioser Tiefblick auf den Altausseer-See.
Gehzeit: Aufstieg 2,5 Std., Abstieg 2 Std.
Höhenunterschied: 800m

Grundlsee Süduferweg
Ausgangspunkt: Ort Grundlsee
Charakter: Schöne Uferwanderung auf breiten Wegen; im Mai blühen auf den Wiesen die Narzissen.
Gehzeit: Ort Grundlsee - Hinterau - Wienern - Gößl: 2 Std., Rückfahrt mit dem Schiff möglich.

Gößler Alm (1585m) - Graswand (1840m)
Ausgangspunkt: Gößl, Ortsteil Schachen
Charakter: unschwierige Wanderung zu schön gelegenen Almen hoch über dem Grundlsee; von der Graswand großartiger Tiefblick auf die Lahngangseen
Gehzeit: zur Gößler Alm 2,5 Std., weiter zur Graswand 1 Std., Abstieg 2-3 Std.
Höhenunterschied: 900 bzw. 1100m

Lahngangseen (1500m)
Ausgangspunkt: Gößl, Ortsteil Schachen
Charakter: unschwierige Bergtour zu herrlichen Gebirgsseen.
Gehzeit: Aufstieg 2,5 Std., Abstieg 2 Std.
Höhenunterschied: 800m

Über die Gößlwiesen zum Toplitzsee
Ausgangspunkt: Gößl
Charakter: romantische Wanderung über Wiesen und durch einen Wald, besonders schön im Frühjahr (Narzissenblüte), Von Mai bis Okt. fährt von der Fischerhütte am Toplitzsee ein Boot zum abgeschiedenen Kammersee.
Gehzeit: 1,5 - 2 Std., retour nach Gößl 1 Std.
Höhenunterschied: 100m

BAD ISCHL UND UMGEBUNG

Nussensee
Ausgangspunkt: Bad Ischl
Charakter: beliebter Spazierweg zu einem kleinen, in einem Wald gelegenen See (ist auch mit dem Auto erreichbar).
Gehzeit: Hinweg 1,5 Std., Rückweg 1,5 Std.
Höhenunterschied: 180m

Jainzen (835m)
Ausgangspunkt: Bad Ischl
Charakter: unschwieriger Waldweg auf „Sisis Zauberberg", schöne Aussicht auf die Stadt.
Gehzeit: Aufstieg 1,5 Std., Abstieg 1 Std.
Höhenunterschied: 330m

Katrin (1542m) - Hainzen (1638m)
Ausgangspunkt: Bad Ischl, Katrin-Seilbahn, Auffahrt mit der Seilbahn zur Bergstation.
Charakter: unschwierige Wanderung auf einem Bergrücken mit vielen schönen Ausblicken.
Gehzeit: Bergstation - Katrin Gipfel - Hainzen 1,5 Std., Rückweg 1 Std.
Höhenunterschied: 250m

Leonsberg (1745m) Überschreitung
Ausgangspunkt: Bad Ischl, Pfandl
Charakter: anspruchsvolle Gratüberschreitung auf teilweise versicherten Steigen, Trittsicherheit und Schwindelfreiheit erforderlich.
Gehzeit: Pfandl - Schüttalm - Leonsberg - Gartenzinken - Walkerskogel - Pfandl: ca. 7-8 Std.
Höhenunterschied: 1300m

Hohe Schrott (1839m)
Ausgangspunkt: Bad Ischl, Ortsteil Rettenbach
Charakter: lange aber lohnende Bergtour auf einen schönen Aussichtsberg, für trittsichere und schwindelfreie Geher ist die großartige Kammüberschreitung nach Ebensee empfehlenswert.
Gehzeit: Gipfelaufstieg 3,5 Std., Abstieg 3 Std.
Höhenunterschied: 1350m

WOLFGANGSEE

Von St. Gilgen nach St. Wolfgang
Ausgangspunkt: St. Gilgen
Charakter: überaus lohnende, unschwierige Wanderung auf dem historischen Pilgerweg über den Falkenstein, mit vielen Andachtsstätten und dem Falkensteinkircherl; Rückfahrt mit dem Schiff.
Gehzeit: St. Gilgen - Fürberg - Falkenstein - Ried - St. Wolfgang: 3 Std.
Höhenunterschied: 250m

Schafberg (1782m) - Schafbergalm
Ausgangspunkt: St. Wolfgang, Auffahrt mit der Schafbergbahn zur Bergstation.
Charakter: Unschwieriger Abstieg über die Schafbergalm nach St. Wolfgang.
Gehzeit: 2,5 - 3 Std.
Höhenunterschied: 1230m im Abstieg

Schafberg (1782m) - Mönichsee - Vormaueralm
Ausgangspunkt: St. Wolfgang, Auffahrt mit der Schafbergbahn zur Bergstation.
Charakter: Teilweise ausgesetzter Abstieg über den Purtschellersteig zum Mönichsee und weiter über die Vormaueralm nach St. Wolfgang. Bis zum Mönichsee Trittsicherheit und Schwindelfreiheit erforderlich.
Gehzeit: 3,5 Std.
Höhenunterschied: 1230m im Abstieg, leichter Gegenanstieg vom Mönichsee zur Vormaueralm.

Zwölferhorn (1521m) - Pillsteinhöhe (1478m)
Ausgangspunkt: St. Gilgen, Auffahrt mit der Seilbahn zur Bergstation.
Charakter: Unschwierige Wanderung auf dem Panoramaweg mit herrlicher Aussicht.
Gehzeit: ca. 1 Std. hin und retour.
Höhenunterschied: 50m

Bleckwand (1541m)
Ausgangspunkt: Parkplatz am Ende der Mautstraße bei der Niedergadenalm. Auffahrt von Gschwendt.
Charakter: Einfacher Rundweg über die Bleckwandhütte auf den Gipfel und zurück; herrlicher Tiefblick auf den Wolfgangsee.
Gehzeit: Auf- und Abstieg ca. 2,5 Std.
Höhenunterschied: 370m

Sparber (1502m)
Ausgangspunkt: Alpengasthof Kleefeld, Zufahrt von Strobl.
Charakter: Anspruchsvolle Bergtour auf teilweise gesicherten Steigen, Schwindelfreiheit und Trittsicherheit erforderlich.
Gehzeit: Aufstieg 2,5 Std., Abstieg 2 Std.
Höhenunterschied: 820m

Postalm - Wieslerhorn (1603m)
Ausgangspunkt: Oberster Postalmparkplatz, Mautstraße von Strobl
Charakter: Einfache Wanderung über weite Almflächen; verschiedene Einkehrmöglichkeiten bei den Almen.
Gehzeit: Parkplatz - Schafbergblickalm - Wieslerhorn - Thoralm - Postalm - Parkplatz: ca. 3 Std.
Höhenunterschied: 300m

Bürglstein Rundweg
Ausgangspunkt: Strobl
Charakter: beliebter Spazierweg, teilweise auf einer Steiganlage über dem Wasser.
Gehzeit: 1,5 Std.

Schwarzensee Rundweg
Ausgangspunkt: Parkplatz am See, Zufahrt über Rußbach.
Charakter: einfache Wanderung auf breiten Wegen in herrlicher Natur.
Gehzeit: 1,5 Std.

TRAUNSEE

Traunstein (1691m) Naturfreundesteig
Ausgangspunkt: Parkplatz am Traunsee-Ostufer
Charakter: anspruchsvoller aber großartiger Anstieg auf einer teilweise gesicherten Steiganlage (A-B), nur für ausdauernde und erfahrene Berggeher, Helm und Klettersteigset empfehlenswert. Möglichkeit einer Nächtigung auf dem Traunsteinhaus oder der Gmundner Hütte.
Gehzeit: Aufstieg 3,5 Std., Abstieg über die Maieralm 3 Std.
Höhenunterschied: 1200m

Miesweg
Ausgangspunkt: Parkplatz am Traunsee-Ostufer
Charakter: romantische Wanderung an der Westseite des Traunsteins, teilweise auf einer Steiganlage über dem See. Rückweg auf einer Forststraße.
Gehzeit: Rundweg ca. 1,5 Std.
Höhenunterschied: 50m

Kleiner Schönberg (895m)
Ausgangspunkt: Parkplatz am Traunsee-Ostufer
Charakter: der kleine Bruder des Traunsteins; unschwieriger aber dennoch steiler Anstieg der am Gipfelgrat Trittsicherheit und Schwindelfreiheit erfordert; herrlicher Tiefblick vom Gipfel.
Gehzeit: Aufstieg 1,5-2 Std., Abstieg 1,5 Std.
Höhenunterschied: 450m

Kleiner und Großer Sonnstein (1037m)
Ausgangspunkt: Traunkirchen
Charakter: erlebnisreiche Wanderung über zwei aussichtsreiche Felsberge die im Gipfelbereich auch Trittsicherheit und Schwindelfreiheit erfordern.
Gehzeit: Aufstieg über den Kleinen zum Großen Sonnstein 2,5 Std., Abstieg nach Ebensee 1 Std., Rückfahrt nach Traunkirchen mit dem Schiff.
Höhenunterschied: 600m

Erlakogel (1575m)
Ausgangspunkt: Ebensee, Ortsteil Rindbach
Charakter: anspruchsvolle Bergtour die im Gipfelbereich Trittsicherheit und Schwindelfreiheit erfordert; herrliche Aussicht.
Gehzeit: Gipfelaufstieg über die Spitzlsteinalm 3,5 Std., Abstieg 2,5 Std.
Höhenunterschied: 1150m

Feuerkogel - Alberfeldkogel (1707m)
Ausgangspunkt: Ebensee, Auffahrt mit der Seilbahn zur Bergstation Feuerkogel.
Charakter: lohnende Wanderung auf guten Wegen zum Europakreuz; herrlicher Tiefblick zu den Langbathseen; Einkehrmöglichkeiten auf dem Feuerkogel.
Gehzeit: hin und retour 2 Std.
Höhenunterschied: 150m

Langbathseen Rundwanderweg
Ausgangspunkt: Parkplatz am Vorderen Langbathsee; Zufahrt von Ebensee.
Charakter: unschwierige Rundwanderung um zwei herrliche Gebirgsseen.
Gehzeit: gesamt 2,5 Std., Rundweg um den Vorderen Langbathsee 1 Std.
Höhenunterschied: 200m

Offensee Rundwanderweg
Ausgangspunkt: Parkplatz Offensee, Zufahrt über eine Straße südlich von Ebensee.
Charakter: schöner Spazierweg um einen naturbelassenen Bergsee.
Gehzeit: 1,5 Std.

ATTERSEE

Attersee - Westwanderweg
Ausgangspunkt: Nußdorf
Charakter: herrlicher Höhenweg durch blumenreiche Wiesen über den Fluten des Attersees, vorbei an schönen Bauernhöfen mit dem Naturschutzgebiet Egelsee; besonders lohnend im Frühjahr.
Gehzeit: Nußdorf - Promberg - Egelsee - Unterach 4 Std., Rückfahrt mit dem Bus oder Schiff.
Höhenunterschied: 300m im Auf- und Abstieg.

Naturschutzgebiet Egelsee
Ausgangspunkt: Parkplatz unterhalb des Sees, Auffahrt nördlich von Unterach (Misling).
Charakter: beliebter Spazierweg durch das Naturschutzgebiet mit schönen Ausblicken auf den Attersee und das Höllengebirge.
Gehzeit: Rundweg ca. 1 Std.

Schoberstein (1037m)
Ausgangspunkt: Weißenbach am Südufer des Attersees
Charakter: unschwieriger aber steiler Anstieg auf eine großartige Felskanzel über dem See; im Gipfelbereich Schwindelfreiheit und Trittsicherheit erforderlich.
Gehzeit: Aufstieg 1,5-2 Std., Abstieg 1,5 Std.
Höhenunterschied: 560m

Dachsteinblick - Brennerin (1602m)
Ausgangspunkt: Forstamt nördlich von Weißenbach.
Charakter: anspruchsvoller Anstieg über den Brennerriesensteig zum Dachsteinblick und weiter auf den Gipfel der Brennerin; Trittsicherheit und Schwindelfreiheit erforderlich; großartiger Tiefblick über den gesamten Attersee.
Gehzeit: Aufstieg zum Dachsteinblick 3 Std., Übergang zur Brennerin 1 Std., Abstieg über den Steinbacher Pfaffengraben 3 Std.
Höhenunterschied: 1150m

Hochleckenhaus (1574m) - Brunnkogel (1708m)
Ausgangspunkt: Parkplatz bei der Taferlklause (830m)
Charakter: sehr beliebter aber steiler Anstieg zum Hochleckenhaus, unschwieriger Übergang über die weiten Hochflächen des Höllengebirges zum großen Gipfelkreuz des Brunnkogels.
Gehzeit: Aufstieg Hochleckenhaus 2 Std., Übergang zum Brunnkogel 1 Std., Abstieg 2,5 Std.
Höhenunterschied: 900m

MONDSEE

Drachenwand (1060m) Normalweg
Ausgangspunkt: St. Lorenz, Gasthof Drachenwand
Charakter: anspruchsvolle und steile Bergtour die Trittsicherheit und Schwindelfreiheit erfordert, großartiger Tiefblick vom Gipfel.
Gehzeit: Aufstieg 2 Std., Abstieg 1,5 Std.
Höhenunterschied: mit einem Gegenanstieg gesamt 680m

Drachenwand (1060m) Klettersteig
Ausgangspunkt: St. Lorenz, Gasthof Drachenwand
Charakter: beliebtester und einer der schönsten Klettersteige im Salzkammergut, spektakuläre Hängebrücke am Grat; Schwierigkeit: C-D, Klettersteigausrüstung notwendig.
Gehzeit: Zustieg 0,5 Std., Klettersteig zum Gipfel 2 Std., Abstieg über den Normalweg 1,5 Std.
Höhenunterschied: mit einem kurzen Gegenanstieg sind es 680m

Eisenaueralm (1015m)
Ausgangspunkt: Parkplatz beim Kreuzstein am Südende des Mondsees.
Charakter: einfache Wanderung auf eine schön gelegene Alm unter den Nordwänden des Schafbergs.
Gehzeit: Aufstieg 1,5 Std., Abstieg 1 Std.
Höhenunterschied: 550m

FUSCHLSEE

Schober (1328m) - Frauenkopf (1304m)
Ausgangspunkt: Ort Fuschl am See
Charakter: anspruchsvolle Bergwanderung auf eine aussichtsreiche Felskanzel zwischen Fuschlsee und Mondseeland.
Gehzeit: Fuschl am See - Burgruine Wartenfels - Schober - Frauenkopf - Burgruine Wartenfels - Fuschl am See: 4 Std. im Auf- und Abstieg
Höhenunterschied: 700m

Filbling (1307m)
Ausgangspunkt: Ort Fuschl am See
Charakter: unschwierige Bergwanderung auf Waldwegen zum kleinen Filblingsee; schöne Aussicht vom baumfreien Gipfel.
Gehzeiten: Aufstieg 2,5 Std., Abstieg 2 Std.
Höhenunterschied: 650m

ALMTAL

Almsee Rundwanderweg
Ausgangspunkt: Parkplatz beim Gasthof Jagersimmerl (577m)
Charakter: romantischer Spazierweg um einen der schönsten Gebirgsseen des Salzkammerguts.
Gehzeit: 2,5 - 3 Std.

Ödseen Rundwanderung
Ausgangspunkt: Parkplatz beim Almtalerhaus in der Hetzau (714m)
Charakter: einfache Wanderung auf schönen Waldwegen.
Gehzeit: 2 Std.

MUSEEN IM SALZKAMMERGUT

Ausseer Kammerhofmuseum
Schwerpunkt: Archäologie, Fossilien, Geschichte und Volkskultur des Ausseerlandes.
Chlumeckyplatz 1
8990 Bad Aussee
www.badaussee.at/kammerhofmuseum

Bauernmuseum Mondseeland
Kategorie: Heimatmuseum
Schwerpunkt: Geschichte der Landwirtschaft von der Frühzeit bis in die Gegenwart.
Hilfberg 6
5310 Mondsee
www.bauern.museummondsee.at

Bernhard Haus
Zentrale Thomas Bernhard Gedenkstätte
Obernathal 2
4694 Ohlsdorf
www.thomasbernhard.at

Eggerhaus
Kategorie: Heimatmuseum
Schwerpunkt: Volkskunde, Alltagskultur
Am Wiesenhof 69
4813 Altmünster

Erlebnismuseum Anzenaumühle
Kategorie: Freilichtmuseum
Schwerpunkt: Landwirtschaft, Technik, Volkskunde, Alltagskultur.
Anzenau 1, Lauffen
4822 Bad Goisern

Fotomuseum Bad Ischl (im Marmorschlössl des Kaiserparks)
Schwerpunkt: Geschichte der Fotografie, historische Fotosammlung.
Jainzen 1
4820 Bad Ischl
www.landesmuseum.at

Freilichtmuseum Mondseer Rauchhaus
Schwerpunkt: Original erhaltenes Rauchhaus samt Nebengebäuden.
Hilfberg 6
5310 Mondsee
www.mondsee.salzkammergut.at

Freilichtmuseum Schmiedbauern
Schwerpunkt: Volkskunde, Alltagskultur, Landwirtschaft.
Toffengründe am Stausee hinter Gosauschmied
4824 Gosau

Gustav-Mahler-Komponierhäusl
Original erhaltene Schaffenswerkstätte Gustav Mahlers.
Seefeld 14
4853 Steinbach am Attersee
www.mahler-steinbach.at

Handarbeitsmuseum Traunkirchen
Kategorie: Spezialmuseum
Schwerpunkt: Tracht, Stick- und Stricktechniken, Volkskunde.
Klosterplatz 2
4801 Traunkirchen

Heimat- und Landlermuseum
Kategorie: Heimatmuseum, Geschichtsmuseum
Schwerpunkt: Geschichte, Archäologie, Kunst, Landwirtschaft, Volkskunde.
Kurparkstraße 10
4822 Bad Goisern

Heimathaus Schörfling
Schwerpunkt: Geschichte Schörflings, Flößerei am Attersee.
Gmundner Straße 8
4861 Schörfling am Attersee

Heimathaus Steinbach am Attersee
Schwerpunkt: Holzwirtschaft und Transport im Atterseegebiet.
Seefeld 26
4853 Steinbach am Attersee

Höhlenmuseum
Kategorie: Naturkundemuseum
Schwerpunkt: Erforschung der Dachsteinhöhlen.
Schönbergalm
4831 Obertraun
www.dachsteinwelterbe.at

Hundsmarktmühle
Kategorie: Heimatmuseum
Schwerpunkt: Mühlengeschichte, Volkskunde, Alltagskultur.
Seestraße 20
5303 Thalgau
www.diehundsmarktmuehle.at

k.u.k. Hausmuseum Kaisergasthof
Schwerpunkt: Schriftverkehr und verschiedene Exponate aus der Zeit der Monarchie.
Weyreggerstraße 75
4852 Weyregg am Attersee
www. kaisergasthof.at

Kammerhofmuseum Gmunden
Kategorie: Geschichtsmuseum
Schwerpunkt: Archäologie, Geschichte, Volkskunde, Alltagskultur, Handwerk, Kunst.
Kammerhofgasse 8
4810 Gmunden
www.k-hof.at

Kaiservilla Bad Ischl
Kategorie: Geschichtsmuseum
Schwerpunkt: Geschichte, das kaiserliche Leben.
Jainzen 38
4820 Bad Ischl
www.kaiservilla.at

Leharvilla
Original erhaltene Räume erinnern an Franz Lehar.
Leharkai 8
4820 Bad Ischl

Literaturmuseum Altaussee
Schwerpunkt: Texte, Hörproben und Exponate österreichischer Schriftsteller.
Fischerndorf 61
8982 Fischerndorf
www.literaturmuseum.at

Museum der Stadt Bad Ischl
Kategorie: Geschichtsmuseum, Heimatmuseum
Schwerpunkt: Geschichte und Kultur Bad Ischls, Volkskunde, Kunst.
Esplanade 10
4820 Bad Ischl
www.stadtmuseum.at

Museum Fahrzeug-Technik-Luftfahrt
Kategorie: Technikmuseum
Schwerpunkt: Technik, Transport, Verkehr.
Sulzbach 178
4820 Bad Ischl
www.fahrzeugmuseum.at

Museum Ebensee
Kategorie: Geschichtsmuseum, Heimatmuseum
Schwerpunkt: Salinengeschichte, Volkskunde (Glöcklerkappen).
Kirchengasse 6
4802 Ebensee

Museum Mondseeland/Pfahlbaumuseum
Kategorie: Geschichtsmuseum
Schwerpunkt: Klostergeschichte, Volkskultur, Geschichte der Pfahlbaukulturen.
Marschall-Wrede-Platz 1
5310 Mondsee

Naturerlebniszentrum Alpengarten Bad Aussee
Schwerpunkt: Themengarten, Heilpflanzen, Alpenflora.
Ischlbergstraße 67
8990 Bad Aussee
www.neza.at

Naturmuseum Salzkammergut - Treffpunkt Natur
Kategorie: Naturkundemuseum
Schwerpunkt: Flora und Fauna des Salzkammerguts
Langwieserstraße 111
4820 Ebensee

Oldtimermuseum Rund ums Rad
Kategorie: Technikmuseum
Schwerpunkt: Technikgeschichte von Fahr- und Motorrädern.
Maria-Theresia-Straße 3a
4813 Altmünster

Salzkammergut Holzknechtmuseum
Schwerpunkt: Original erhaltene Holzknechtstube, Forstwirtschaft, Volkskunde.
Auskaiweg 11
4822 Bad Goisern

Salzkammergut Lokalbahnmuseum
Kategorie: Technikmuseum
Schwerpunkt: Geschichte der einstigen Schmalspurbahn die Salzburg mit Bad Ischl verband.
Seebadstraße 2
5310 Mondsee

Salzkammergut Tierweltmuseum
Kategorie: Naturkundemuseum
Schwerpunkt: Große Sammlung von Tierpräperaten.
Aurachtalstraße 61
4812 Pinsdorf
www.tierweltmuseum.at

Salzwelten Altaussee
Schwerpunkt: Erlebnis des größten aktiven Salzbergwerks Österreichs.
Lichtersberg 25
8992 Altaussee
www.salzwelten.at

Salzwelten Hallstatt
Schwerpunkt: Geschichte des Salzbergs und des „Mannes im Salz", Salzabbau im ältesten Bergwerk der Welt.
Salzbergstraße 21
4830 Hallstatt
www.salzwelten.at

Welterbemuseum Hallstatt
Kategorie: Universalmuseum
Schwerpunkt: Funde und Schätze der Hallstattzeit, Erforscher der Hallstattkultur, historische Entwicklung Hallstatts.
Seestraße 56
4830 Hallstatt
www.museum-hallstatt.at

Zeitgeschichtemuseum und KZ-Gedenkstätte Ebensee
Schwerpunkt: Geschichte des Salzkammerguts zwischen 1918 und 1955, Verfolgung im Nationalsozialismus.
Kirchengasse 5
4802 Ebensee
www.memorial-ebensee.at

LITERATUR

Arnbom Marie-Theres: Wolfgangsee. Christian Brandstätter Verlag, 2010.
Barta Bernhard (Hg.): Künstler & Kaiser im Salzkammergut. Christian Brandstätter Verlag, 2008.
Bernard Erich. ua. (Hg.): Der Traunsee. Der Mythos der Sommerfrische. Christian Brandstätter Verlag, 2012.
Berndt Wolfgang C. ua. (Hg.): Der Attersee. Die Kultur der Sommerfrische. Christian Brandstätter Verlag, 2008.
Eichhorn Hans/Costadedoi Klaus: attersee fisch fang. beruf und leidenschaft. edition-sommerfrische, 2010.
Freund Rene: Aus der Mitte. Skizzen aus dem Salzkammergut. Picus Verlag, 1998.
Großer Wander-Atlas Salzkammergut. Kompass Verlag, 2011.
Hauleitner Franz: Salzkammergut Ost. Rother Wanderführer. Bergverlag Rother, 2010.
Hauleitner Franz: Salzkammergut West. Rother Wanderführer. Bergverlag Rother, 2010.
Heindl Gottfried: Das Salzkammergut und seine Gäste. Edition Atelier, 1993.
Kern Anton. ua. (Hg.): Salz-Reich. 7000 Jahre Hallstatt. Verlag des Naturhistorischen Museums Wien, 2008.
Klinger Joachim (Hg.): Salzkammergut. Verlag Christian Brandstätter, 1990.
Komarek Alfred: Ausseerland. Die Bühne hinter den Kulissen. Kremayr & Scheriau, 1992.
Komarek Alfred: Salzkammergut. Reise durch ein unbekanntes Land. Kremayr & Scheriau, 1994.
Kospach Julia: Auf ins Salzkammergut. Folio Verlag, 2011.
Oswald Yvonne: Salzkammergut. Lesethek Verlag, 2009.
Peham Alois/Neuweg Sabine: Wandern... Ausflüge mit Kindern ins Salzkammergut. Ueberreuter Verlag, 2009.
Pirker Herbert/Frischmuth Barbara: Faszination Salzkammergut. Styria Verlag, 2009.
Polzer Gerald/Spath Stefan: 111 Orte im Salzkammergut die man gesehen haben muss. emons Verlag, 2013.
Mandl Franz/Mandl-Neumann Herta: Wege in die Vergangenheit rund um den Dachstein. Tyrolia Verlag, 2009.
Neumann Dieter/Lehr Rudolf: Menschen, Mythen, Monarchen in Bad Ischl. Salzkammergut Media, 2008.
Senft Willi und Hilde: Geheimnisvolles Salzkammergut. Leopold Stocker Verlag, 2003.
Strauß Andrea und Andreas: Dachstein. Bergverlag Rother, 2006.
Trampitsch Erwin/Heimberger Heinz: Das Salzkammergut. Alpenlicht Verlag der Regionen, 2012.

Bildlegenden:
Schutzumschlag Vorderseite und Panorama Seiten 20/21: Am Steinbruch unter der Zwerchwand auf dem Weg zur Hütteneckalm;
Bild Seiten 4/5: Die Schutzhütte Himmelspforte auf dem Schafberg; Bild Seite 8: Ein neugieriges Schaf begrüßt den Autor in Bad Goisern.
Bild Seite 10: Zwei Schwäne vor der Kulisse des Traunsteins, Traunsee Westufer; Bild Seite 13: In Untersee (Bad Goisern) am Hallstätter See.
Bild Seite 14: Sonnenuntergang auf dem Krippenstein; Panorama Seiten 84/85: Blick vom Siriuskogel auf Bad Ischl.
Panorama Seiten 108/109: Sommerlandschaft zwischen Bad Aussee und dem Sommersbergsee.
Panorama Seiten:156/157: Der Wolfgangsee mit dem Schafberg von einer Anhöhe an der Bundesstraße zwischen Gschwendt und Strobl.
Panorama Seiten 200/201: Blick von Ebensee nach Traunkirchen bei Sonnenuntergang.
Panorama Seiten 242/243: Ein perfekter Sommertag am Attersee, Blick vom Ort Attersee gegen Weyregg und Wachtberg.
Panorama Seiten 268/269: Mondseeblick vom Gipfel der Drachenwand; Panorama Seiten 290/291: Der Fuschlsee in der Nähe von Hallbach.

Bildnachweis:
Dachstein im Salzkammergut/Schöpf: Seite 16;   Langmaier Erwin: Seiten 274, 275, 276 oben
Lichtenberger Wolfgang: Seiten 134, 215, 305;   Mühlleitner Karl: Seite 249
Alle anderen Bilder von Andreas Mühlleitner

1. Auflage 2014
COPYRIGHT © edition panoptikum
COPYRIGHT © Fotos (mit Ausnahme der im Bildnachweis aufgelisteten Fotos) Andreas Mühlleitner
www.muehlleitner.at

Grafische Gestaltung: Gerhard Schiessl
Lektorat: Mag. Antonia Six
Karten: Arge-Kartografie
Herstellung: Passavia Druck, Passau
ISBN 978-3-9503761-0-4

Alle Angaben in diesem Buch wurden vom Autor nach bestem Wissen recherchiert.
Für die Richtigkeit der Angaben kann jedoch keine Haftung übernommen werden.

Alle Rechte vorbehalten
Kein Teil des Werkes darf ohne schriftliche Genehmigung des Verlags oder des Autors reproduziert oder unter
Verwendung elektronischer Systeme verarbeitet, vervielfältigt oder verbreitet werden.

edition panoptikum
Karoline Mühlleitner
Hinterholz 14, A-4933 Wildenau
Tel.: 07755-5021
www.edition-panoptikum.at